本套教材出版获以下资助：

暨南大学高水平大学建设专项资金

教育部中外语言交流合作中心国际中文教育精品教材“1+2”资助工程

CENTER FOR LANGUAGE EDUCATION AND COOPERATION
中外语言交流合作中心

国际中文教育精品教材

暨南大学华文学院
College of Chinese Language and Culture, Jinan University

汉语言专业规划系列教材

MULTIMEDIA PRINT READER MPR www.mpreader.com

i学中文

第六册

总主编◎王衍军　林奕高　张　艳

分册主编◎李　倩

暨南大學出版社
JINAN UNIVERSITY PRESS

中国·广州

图书在版编目（CIP）数据

i学中文. 第六册/王衍军，林奕高，张艳总主编；李倩分册主编. —广州：暨南大学出版社，2024. 11

汉语言专业规划系列教材

ISBN 978 -7 -5668 -3868 -1

Ⅰ. ①i… Ⅱ. ①王… ②林… ③张… ④李… Ⅲ. ①汉语—对外汉语教学—教材 Ⅳ. ①H195. 4

中国国家版本馆 CIP 数据核字（2023）第 247126 号

i 学中文（第六册）

i XUE ZHONGWEN（DI-LIU CE）

总 主 编：王衍军　林奕高　张　艳

分册主编：李　倩

………………………………………………………………………………

出 版 人：阳　翼

项目统筹：杜小陆

责任编辑：黄　球

责任校对：刘舜怡　黄子聪

责任印制：周一丹　郑玉婷

出版发行：暨南大学出版社（511434）

电　　话：总编室（8620）31105261

营销部（8620）37331682　37331689

传　　真：（8620）31105289（办公室）　37331684（营销部）

网　　址：http：//www. jnupress. com

排　　版：广州良弓广告有限公司

印　　刷：广州市金骏彩色印务有限公司

开　　本：787mm × 1092mm　1/16

印　　张：13. 125

字　　数：170 千

版　　次：2024 年 11 月第 1 版

印　　次：2024 年 11 月第 1 次

定　　价：49. 00 元

前 言

本套教材是面向非华裔初级中文学习者的综合教材。编者们根据学习对象的特点，结合来华留学生日常生活交际需求，选取反映当代中国社会生活、经济、科技等方面的相关内容，利用融媒体等新技术，以独特的视角向学习者展示了真实的当代中国社会。

本套教材分为六册，共71篇课文，其中第一册15篇，第二、三、四册各12篇，第五、六册各10篇。教材内容从零起点开始，可满足初级到准中级阶段学生中文学习的需要，教师可根据学生水平和课时安排选择相应的册数和课文。整体上看，教材内容难度呈螺旋上升形态，其中，第一、二册侧重HSK一、二级水平，第三、四册侧重HSK三、四级水平，第五、六册侧重HSK五、六级水平。

除了纸质版教材外，我们还制作了配套的数字化教材、课件、语言点讲解视频、录音材料、Quizlet词卡。数字化教材除了呈现纸质版教材的生词、课文及语言点外，还配备了生词和课文的录音、生词的例句或图片讲解，以及与纸质版教材不同的练习题和测试题，为学习者预习与复习提供更丰富的形式和内容，方便学习者更有效地利用碎片化时间进行学习，从而让“课前—课堂—课后”形成更紧密的有机整体。

本套教材突出“新”和“活”的特色。“新”主要体现在两个方面：一是课文内容选材新。如微信、“双十一”、快递、外卖、移动支付等都是与当代中国人生活密切相关的主题。二是练习形式新。如设计了利用智能语音识别完成的题型，以及制作上传至社交账号上的视频作业；在数字化教材上实现听写、配对、组句等多样化的练习题型；在课堂练习部分，围绕教学重点内容提供了一些游戏、比赛、情景扮演类练习，互动性强，能活跃课堂气氛，增强学习的趣味性。“活”主要体现在强调学生对所学内容要活学活用，充分利用学生在中国学习的语言环境，设计实践性、交际性任务，推动学生从课堂走到课外，通过完成相关任务，克服畏惧心理，达到多用中文、敢用中文、会用中文的学习效果。

一、教材使用说明

1. 教学目标

本套教材内容编写以功能为导向，以任务型和交际型为主线，结合现代信息科学技术，通过大量听、说、读、写训练，培养学习者基本的中文交际能力；通过语言实践与互动，培养学习者得体的语言交际能力。

2. 适用对象

本套教材的适用对象为零起点的初级到准中级水平中文学习者。六册教材总学习时长为2年左右，每周学习10～12课时（每课时45～50分钟）。

3. 教材体例

本套教材的体例是：课前热身—生词—课文—语言知识—练习。“课文”从交际需求、感兴趣话题、热点话题角度进行编写。“练习”涵盖生词、语言知识、交际、课堂活动、实践拓展等内容，其中大部分内容可在课上与学生一起完成。还有一些练习需要学生课下进行语言实践，凸显交际性。教师可以根据情况选用各类练习。

4. 教材使用建议

各册教学课时安排：

拼音部分：16～20课时。

第一、二、三册：6～8课时/课。

第四、五、六册：8～10课时/课。

拼音部分建议集中教学。课堂游戏或活动部分，教师可以根据需要进行选择。语音、汉字的教学始终贯穿教材。每册都有一些只要求识记、不要求书写的认读字。遵循循序渐进、由易到难的教学原则。

5. 配套资料说明

本书生词和课文配有录音，音频文件请在暨南大学出版社官网（http：//www. jnupress. com）下载专区免费获取。Quizlet 词卡，请在 Quizlet 官网（https：//quizlet. com/join/Zmf6k5NtM？i＝28qrwz&x＝1bqt）“暨南大学 i 学中文教材”处获取。微课视频，书中标有“教学视频”标志，请扫码查看。

二、特别说明

教材编写人员尊重所有图片、肖像的知识产权。教材中所使用的图片大多来源于“熊猫办公”网站。编写团队已购买“熊猫办公企业 VIP 至尊版（ID：47206601）”图片下载和使用权限，并获取了每一张图片的版权使用协议。熊猫办公企业 VIP 至尊版权限明确标注：图片可用于“图书出版：报纸配图、杂志封面及配图、图书封面及配图”，编写团队也保证所下载图片仅用于本套教材及其配套资源的出版和教学，不作他用。

教材中有一些照片由我们的同事及留学生等出镜拍摄并友情提供，均授权我们在教材中使用，对此表示衷心的谢意。此外，本套教材中还有极少量的图片我们未能及时联络上作者，在此也希望图片作者联络我们，以便及时支付相应图片稿酬。

在编写过程中，我们也参考了其他教材、词典等书籍以及网络资料，我们尊重各位作者的知识产权，在此也表示真诚的感谢。

教材录音团队是普通话一级甲等的资深播音员陆圆圆和何浩源，他们有着丰富的宣传片、纪录片、广告片等的录音经验和主持经验。

教材封面图片来源于雕塑家廖慧兰女士为暨南大学华文学院特别创作的雕塑作品《五洲学子》，现竖立于暨南大学华文学院南门。廖慧兰教授的女儿、资深艺术媒体人及策展人曹丹给予了支持。对此我们表示感谢。

教材编写是一项极其复杂、艰巨的任务。本套教材的编者都为富有教学经验的一线中文教师，团队群策群力，收集整理了众多资料，在编写工作中投入了大量的精力和时间。初稿完成后经过多次试用，并根据专家学者、试用教师和学习者的意见进行了反复修改。在此，再次对为本套教材写作、出版等付出辛劳的专家、教师、编辑、学生等表示由衷的感谢！然而，由于编者能力和水平有限，教材难免存在疏漏，恳请各位教材使用者提出宝贵建议，以便在下次修订时进一步完善和提高。

教材编写组

2024 年 3 月

Preface

This set of textbooks is designed for beginner-level learners of Chinese who are not of Chinese descent. According to the characteristics of the learners, combined with the daily communication needs of international students in China, the editors selected relevant content reflecting contemporary Chinese social life, the economy, science and technology, and used new technologies such as multimedia to show the modern side of Chinese society to learners from a unique perspective.

This series consists of six volumes, containing a total of 71 texts: 15 texts in the first volume, 12 texts in each of the second, third, and fourth volumes, and 10 texts in each of the fifth and sixth volumes. The textbook starts at a beginner level with no prior knowledge required and progresses to an intermediate level. Teachers can select texts based on the students' level. The textbook in this series present different levels of difficulty, among which volumes one and two will focus on HSK levels 1 and 2, volumes three and four will focus on HSK levels 3 and 4, and volumes five and six will focus on HSK levels 5 and 6.

In addition to paperback textbooks, digital textbooks, courseware, language guidelines explanation video, recording materials, Quizlet word card have also been created. In addition to presenting new words, texts, and language guidelines of paperback textbooks, digital textbooks are also equipped with audio recordings of new words and texts, explanation of example sentences or pictures of new words and texts, as well as exercises and tests that are different from those in the paperback textbooks, which provide a wider range of options for learners to preview and review content, allowing them to make better use of their study time. So that it may smooth out the process of previewing before the class, learning within the classroom, and reviewing after the class to form an organically cohesive learning experience.

This series of textbooks emphasizes the features of being new and dynamic. The newness is mainly reflected in two aspects: First, the selected topics are new. Such examples include WeChat, "Double Eleven", express delivery, takeout, mobile payment, which are closely related to modern Chinese people's lives. Second, the method of practice is also new. For example, in the exercises, questions were designed to be completed by automatic speech recognition, and video assignments that can then be posted to social accounts. The digital teaching materials also have dedicated sections for dictation, matching, sentence making, and other diversified types of exercises types. The classroom practice, games, competitions, and scenarios around the key contents are provided, and they have been designed to be highly interactive to increase student engagement. The dynamism is mainly reflected in the emphasis that students should learn to use their own methods of learning to make full use of the language environment in which students can learn in China, thus practical and communication tasks have a heavy emphasis on skills that enable students to better put knowledge obtained from class into practice. By completing relevant tasks, students can overcome their fear and achieve the desired learning effect of using Chinese more frequently and boldly, knowing how to use Chinese in their everyday lives.

Instruction for teaching materials

Teaching objective

These textbooks are designed with a focus on function, task-based learning, and communication. These textbooks integrate modern information science and technology, providing extensive practice in listening, speaking, reading, and writing. This approach aims to develop learners' basic communication skills in Chinese, while enhancing their ability to interact in a socially appropriate manner.

Applicable object

This series is designed for beginner with no prior knowledge of Chinese to intermediate learners. The total learning duration for the six volumes is approximately 2 years, with a recommended weekly study load of 10 to 12 class hours (each class hour lasting 45 – 50 minutes).

Textbook structure

The structure of these textbooks is: Warming up, New Words, Text, Language Guidelines, Exercises. The texts are written from the perspective of the needs that arise from communication, topics of interest, and trending topics. Exercises cover new words, language guidelines, communication tasks, classroom activities, practical application tasks, and more. Most of these can be completed in class with students. In particular, there are some exercises that require students to carry out language practice after class to highlight the communicative nature. Teachers can choose various exercises according to the situation.

Suggestions for use

Schedule of teaching hours for each volume：

The Pinyin part：16 – 20 class hours.

Books 1，2，and 3：6 – 8 hours per lesson.

Books 4，5，and 6：8 – 10 hours per lesson.

The Pinyin section should be taught intensively. Classroom games and activities can be chosen by the teacher according to their needs. The teaching of pronunciation and Chinese characters is embedded throughout the textbook. Each volume has a number of characters that are only required to be memorized，not written. The teachers should follow the principle of gradual progression from easy to difficult.

Description of Supporting Materials

This book includes audio recordings for new words and texts，which can be downloaded for free from the Jinan University Press official website (http：//www.jnupress.com) in the download section. Quizlet flashcards can be accessed on the Quizlet website at https：//quizlet.com/join/Zmf6k5NtM? i = 28qrwz&x = 1bqt under "Jinan University iLearn Chinese Textbook". Micro-lesson videos，marked with the "Teaching Video" symbol in the book，can be viewed by scanning the chain code.

Special Note

We would like to stress that our textbook compilation team respects the copyright of pictures and portraits，and the sources of the textbook materials are indicated where applicable. Most of the pictures used in the textbook were downloaded from the website "Panda Office". The compilation team has purchased the "Panda Office Enterprise VIP Supreme Edition (ID: 47206601)" and has fair use policy for use of its pictures stipulated in the user agreement section after purchase. "Panda Office Enterprise VIP Supreme Edition" clearly indicates the permission that pictures can be used for "book publication: newspaper illustrations, magazine covers and illustrations, book covers and illustrations". Our team also guarantees that the downloaded pictures will only be used for the publication and teaching of books and textbook companion resources (digital and paperback), and will not be used for other purposes.

Some photos in the textbook were taken by our colleagues and international students, who have kindly granted us permission to use these images in the textbook, for which we express our heartfelt gratitude. In addition, there are a small number of images in the textbook for which we were unable to contact the authors in time. We kindly request that the image authors reach out to us so that we can arrange payment for the corresponding image royalties.

In the process of writing this textbook, reference to other textbooks, dictionaries and other books as well as online materials was made. We respect the intellectual property rights of all authors and hereby express our sincere thanks.

The textbook recording team consists of senior announcers for first-level Mandarin proficiency, namely Lu Yuanyuan and He Haoyuan. They possess extensive experience in recording promotional videos, documentaries, commercials, and have experience in hosting as well.

On the textbook cover is a photo of the sculpture *Students from All*

Corners of the World, which stands at the south gate of the College of Chinese Language and Culture, Jinan University. As a special gift for the college, it was designed and created by Liao Huilan, a renowned sculptor in China. Heartfelt thanks go to Prof. Liao's daughter Cao Dan, a senior art journalist and exhibition curator, for her efforts in granting copyright authorization.

The compilation of textbooks is an extremely complex and arduous task. The editors are all front-line Chinese teachers with diverse teaching experiences, who gathered and sorted out the materials, and invested a lot of energy and time in the compilation of the collected work. After the submission of the first draft, the textbooks have undergone multiple revisions in rounds of trials, with the opinions of experts and scholars taken into consideration. Once again, we expressed our heartfelt thanks to the experts, teachers, editors, and students who have worked hard on the writing and publication of this book. However, due to the limited ability and skills of the editors, there were inevitable situations that omissions in the teaching materials occurred, and we sincerely hope that all the users of the textbooks can provide valuable suggestions for further improvement in the next revision.

The Compilation Team of the Textbook

Mar., 2024

人物简介

Character Introduction

林一 Lín Yī
性别：男
国籍：中国

王乐乐 Wáng Lèle
性别：女
国籍：中国

阿里 Ālǐ
性别：男
国籍：美国

米亚 Mǐyà
性别：女
国籍：法国

米娜 Mǐnà
性别：女
国籍：埃及

艾文 Àiwén
性别：男
国籍：德国

安娜 Ānnà
性别：女
国籍：英国

中文词类简称表

Abbreviations of Word Classes

1	名词	míngcí	名	noun
2	代词	dàicí	代	pronoun
3	动词	dòngcí	动	verb
	离合词	líhécí		separable verb
4	形容词	xíngróngcí	形	adjective
5	数词	shùcí	数	numeral
6	量词	liàngcí	量	measure word
	数量词	shùliàngcí	数量	numeral-classifier compound
7	副词	fùcí	副	adverb
8	介词	jiècí	介	preposition
9	连词	liáncí	连	conjunction
10	助词	zhùcí	助	particle
	动态助词	dòngtài zhùcí		aspect particle
	结构助词	jiégòu zhùcí		structural particle
	语气助词	yǔqì zhùcí		modal particle
11	叹词	tàncí	叹	interjection
12	象声词	xiàngshēngcí	象	onomatopoeia
13	前缀	qiánzhuì		prefix
14	后缀	hòuzhuì		suffix

目　录

Contents

第一课　不做低头族

Don’t be a phubber

课前热身 Warming up

你常常玩手机吗？你知道“低头族”是什么意思吗？Do you often on your mobile phone? Are you know what the “phubber” means?

生词 New words

1	酷爱	kù’ài	动	to love ardently; to be very fond of
2	连续	liánxù	动	to continue
3	通宵	tōngxiāo	名	the whole night

4	迷糊	míhu	形	blurred; dimmed
5	输	shū	动	to lose
6	抱怨	bàoyuàn	动	to complain
7	抬头	táitóu	动	to look up
8	眼科	yǎn kē		ophthalmology department
9	诊断	zhěnduàn	动	to diagnose
10	重度	zhòngdù	形	severe; serious
11	疲劳	píláo	形	tired; fatigued; weary
12	失明	shīmíng	动	to go blind; to lose one's sight
13	一干二净	yìgān'èrjìng		thoroughly; completely
14	手游	shǒu yóu		mobile game
15	脖子	bózi	名	neck
16	僵硬*	jiāngyìng	形	stiff
17	转动	zhuǎndòng	动	to turn; to rotate; to twirl
18	骨科	gǔ kē		orthopedics department
19	确诊	quèzhěn	动	to make a definite diagnosis
20	颈椎*	jǐngzhuī	名	cervical vertebra
21	躺	tǎng	动	to lie down
22	打断	dǎ duàn		to interrupt
23	局	jú	量	(a measure word for game) set; innings

说明：加＊的词语不要求掌握书写。

Note: Competence in writing words marked with asterisks is not required.

24	闷气	mènqì	名	the sulks
25	反应	fǎnyìng	名	reaction
26	忍	rěn	动	to tolerate
27	气呼呼	qìhūhū	形	in a huff；panting with rage
28	顾	gù	动	to attend to
29	断	duàn	动	to break
30	干脆	gāncuì	副	simply；directly
31	恋爱	liàn'ài	名	love
32	飞驰*	fēichí	动	to speed along
33	奄奄一息	yǎnyǎn yìxī		at the gate of death
34	救护车	jiùhù chē		ambulance
35	急诊室	jízhěn shì		emergency room
36	推	tuī	动	to push
37	叹	tàn	动	to sigh
38	尽力	jìnlì	动	to try one's best
39	抱头痛哭	bàotóu tòngkū		to weep disconsolately
40	救	jiù	动	to save；to help
41	惊醒	jīngxǐng	动	to wake up with a start
42	吓	xià	动	to scare
43	冷汗	lěnghàn	名	cold sweat
44	可怕	kěpà	形	terrible

课文 Text

阿里酷爱手机游戏，常常连续玩几天几夜。刚刚打了一个通宵的游戏，他有点儿困，拿着手机迷迷糊糊地睡着了……

“哎呀，怎么又输了！”阿里抱怨道。他抬头看了一下墙上的钟，竟然什么也看不清楚了。这时，他才意识到眼睛又干又痛，还有点儿头晕、恶心。于是，妈妈陪他去眼科检查。医生诊断后说他得了重度的眼疲劳，需要好好休息，不能长时间玩手机了，不然会导致失明。可是刚过一天，阿里就把医生的话忘得一干二净，又开始疯狂玩手游。没过多久，他突然觉得脖子酸痛僵硬，一转动脖子就像很多根针在扎一样，甚至连头也抬不起来。他又去医院看了骨科，确诊为颈椎病。阿里回到家后，再也不敢低头玩游戏了。“躺在床上玩游戏，脖子不就不疼了吗？”他对自己想到的办法感到非常得意。

一天，阿里跟女朋友一起吃饭。刚坐下来不久，女朋友还没说几句，他就立刻打断了她：“先别说，等我打完这一局。”女朋友没办法，只好坐在那里生闷气。等菜都上齐了，他还在玩，女朋友提醒了他几次，他都没反应，女朋友实在忍不住了，站起来气呼呼地说：“你每天就知道玩手机！上次光顾着玩手机把钱包和护照都给弄丢了。还有上上次，下楼梯的时候玩手机，摔断了腿。我真的受不了你了。我们分手吧！你干脆和手机谈恋爱吧！”说完，女朋友头也不回地走了。

“等等我，马上就结束了。”阿里拿着手机追了出去，一边走还一边看着手机上的游戏。过马路的时候，一辆汽车飞驰而来，把他撞倒了，流了一地的血。看到阿里躺在地上奄奄一息，路人赶忙打电话叫来了救护车，他被送到了急诊室。从急诊室推出来的时候，医生叹了一口气：“对不起，我们尽力了。”阿里的父母在一旁抱头痛哭：“都是玩手机害的！"

"医生救救我，我不想死！妈妈，救我！"阿里大哭大叫。

"怎么了，孩子？"

阿里惊醒了，吓出了一身冷汗，"妈妈，刚才我做了一个很可怕的梦……"

语言知识 Language guidelines

知识1 Tip 1

"族"

"低头族"

"族"指的是具有某种共同属性的一类人。"族"字前常是这类人的共同属性。例如：

低头族　上班族　有车族　追星族

知识2 Tip 2

"光"

"上次光顾着玩手机把钱包和护照都给弄丢了。"

"光"，限定范围，意思是"只；单"。后面可加动词、形容词或者名词。例如：

（1）那个孩子光笑不说话。

（2）衣服光好看没有用，还得质量好。

(3) 这次运动会参加的人很多，光我们班就有 10 个人报名。

知识3 Tip 3

“顾”

“上次光顾着玩手机把钱包和护照都给弄丢了。”

“顾”的意思是“照管；注意”。可带“着”“了”。可带名词、动词、代词、动词短语、小句作宾语，常用于正反并列形式。用于肯定式时，一般要在“顾”前加“只、光、就、净”等副词，否定式不受此限。例如：

(1) 他做事一直都是这样，只顾自己，不顾别人。

(2) 看我，光顾着说话，忘了做事。

(3) 他不顾自己的安危把那个孩子从水里救了出来。

知识4 Tip 4

教学视频

“干脆”

“你干脆和手机谈恋爱吧！”

“干脆”，表示动作行为直截了当，不拖泥带水。例如：

(1) 来都来了，干脆在这里好好待下去。

(2) 已经走到一半了，干脆就走完吧。

(3) 这么晚了，干脆别回家了，就在我这里住吧。

知识❺ Tip 5

“一身”

“阿里惊醒了，吓出了一身冷汗。”

中文中有些名词可以临时被借用来作量词，后面可以加“的”。前面是数词“一”时，常有“满”的意思。例如：

一桌子（的）菜　　　　一黑板（的）汉字

一身（的）汗　　　　　一脸（的）水

知识❻ Tip 6

“头也不回”

“说完，女朋友头也不回地走了。”

“头也不回”中“也”表示“甚至”。加强语气，前面隐含“连”字，多用于否定句，意思是“连头也不回”。相同的用法还有很多。例如：

（1）他看也不看妹妹一眼。

（2）大卫站在那儿动也不动。

（3）我一天假也没请过。

练习 Exercises

1. 看图片，选动词。 Choose the right verbs to fill in the blanks according to the pictures.

打　转　扎　抬　躺　追　流　救　吓

 (1)（　　）	 (2)（　　）	 (3)（　　）
 (4)（　　）	 (5)（　　）	 (6)（　　）
 (7)（　　）	 (8)（　　）	 (9)（　　）

2. 给多音字注音并组词。 Write the Pinyin of the following polyphonic characters and make words.

(1) 干 {( ) ______ / ( ) ______}　　(2) 血 {( ) ______ / ( ) ______}

(3) 闷 {( ) ______ / ( ) ______}　　(4) 只 {( ) ______ / ( ) ______}

(5) 尽 {( ) ______ / ( ) ______}　　(6) 恶 {( ) ______ / ( ) ______}

3. 词语搭配。 Make phrases.

(1) 扎 ______ ______ ______

(2) 谈 ______ ______ ______

(3) 追 ______ ______ ______

(4) 推 ______ ______ ______

(5) 救 ______ ______ ______

(6) 酷爱 ______ ______ ______

(7) 断 ______ ______ ______

(8) 转动 ______ ______ ______

4. 选词填空。 Choose the right words to fill in the blanks.

（一）

发现	抱怨	实在	发生	连续
赶忙	尽力	输	需要	结束

（1）这个工作__________特别细心的人来做。

（2）我已经__________三年拿到学校的奖学金了。

（3）山太高了，我__________爬不动了。

（4）妻子总是__________她的丈夫钱花的比挣的多。

（5）这个电影什么时候__________？

（6）妈妈看到孩子摔倒了，__________上前把他扶起来。

（7）他__________一个小偷正在偷东西。

（8）酒后开车很容易__________车祸。

（9）我相信如果我__________去做，这件事肯定能做好。

（10）今天我运气真不好，玩游戏总__________。

（二）

立刻	赶快

（1）昨天一听到妈妈回来的消息，他__________就赶回了家。

（2）__________走吧，晚了可就来不及了！

实在	确实

（3）这道题__________是太难了，我想了半天也想不出来。

（4）你说得对，仔细想一想这份工作__________存在着很多问题。

尽力　　尽量

（5）要是别人有需要，咱们要________多帮忙。

（6）对不起，我已经________了，还是救不了他。

5．根据例子，完成句子。 Complete the sentences according to the examples.

例：医生诊断后说他得了重度的眼疲劳，需要好好休息，不能长时间玩手机，不然会导致失明。

（1）今晚得早点儿睡觉，不然________________。

（2）年轻的时候要好好锻炼身体，不然________________。

（3）________________，不然________________。

例：他抬头看了一下墙上的钟，竟然什么也看不清楚了。

（4）昨晚他做梦梦到自己考了一百分，没想到今天竟然________________。

（5）他竟然________________就自己去旅行了。

例：我们分手吧！你干脆和手机谈恋爱吧！

（6）现在都这么晚了，你家又那么远，干脆________________。

（7）明天要听写，晚上咱们都有时间，干脆________________。

例：上次光顾着玩手机把钱包和护照都给弄丢了。

（8）瞧，光顾着________________，忘了先给你倒杯茶。

（9）过马路的时候，别光顾着________________。

6．中国新发现——“××族”大调查。Survey on “××族” in China.

你知道下面的这些“××族”是什么意思吗？它指的是哪一类？你还知道哪些“族”？调查一下，你身边的朋友是什么“族”？

低头族	追星族
月光族	啃老族
上班族	闪婚族
有车族	打工族

7．“假如没有手机”故事接龙。Story relay: If there is no mobile phone.

学生以“假如没有手机”为话题，说故事。

故事以接龙形式完成，教师任意说一个故事开头，学生一个接着一个说一段故事，后一个学生需要接着前一个学生的故事继续往下说，最后一个学生想出故事的结尾。

接龙完毕，每个学生再用自己的话将这个故事写下来。

8．观影《低头人生》。Watch the movie *Life Smartphone*.

教师组织学生观看“低头族”的相关视频，例如：动画短片《低头人生》，观看完毕，组织学生对“低头族”这一话题展开讨论。

9．“低头族”大发现。Investigation on phubbers.

学生课下观察生活中人们看手机的情况，并记录下来，然后在课上分享看到这些情况的感受。

10．一日不做“低头族”PK 赛。Challenge：Do not be the phubber today.

学生 4～5 人一组，各小组想出 3～4 种让人不低头看手机的办法，并说出理由（如下），然后各小组汇报，进行 PK，评选出最有意思的办法。

有条件的可组织一次一日不做“低头族”相关的班级实践活动。

方法 1：大家一起去吃小龙虾 理由：吃小龙虾需要两只手，大家吃的时候不能看手机	
方法 2：戴“懒人眼镜”看手机 理由：戴上这副眼镜看手机，可以不用低头	

第二课　未来生活

Future life

课前热身 Warming up

你觉得未来生活是什么样子的？有哪些新发明出现？What do you think of life in the future? What new inventions will come out?

生词 New words

1	知识	zhīshi	名	knowledge
2	雾霾*	wùmái	名	haze；smog
3	事故	shìgù	名	accident
4	世纪	shìjì	名	century
5	年代	niándài	名	a period of time

6	笨重	bènzhòng	形	cumbersome；unwieldy
7	方块	fāng kuài		diamond
8	密不可分	mì bù kě fēn		inseparable
9	连	lián	动	to join；to connect；to link
10	几乎	jīhū	副	nearly；almost
11	意想不到	yìxiǎng búdào		to beat all；unimagined；unexpected
12	变化	biànhuà	名	change
13	按钮	ànniǔ	名	button
14	自动	zìdòng	副	automatically
15	目的	mùdì	名	purpose
16	路线	lùxiàn	名	way；line
17	启动	qǐdòng	动	to start；to launch
18	显示屏	xiǎnshìpíng	名	display screen
19	高速	gāosù	形	speedy
20	行驶	xíngshǐ	动	（a vehicle）to travel；to run
21	沟通	gōutōng	动	to communicate
22	判断	pànduàn	动	to judge；to decide
23	转向*	zhuǎnxiàng	动	to change direction；to turn
24	加速	jiāsù	动	to speed up；to accelerate
25	驾驶	jiàshǐ	动	to drive
26	据	jù	介	according to；depending on
27	疏忽大意	shūhū dàyì		carelessness
28	而	ér	连	but；yet

29	成熟	chéngshú	形	mature; ripe; grown
30	完善	wánshàn	动	to perfect
31	太空*	tàikōng	名	outer space
32	人口	rénkǒu	名	population
33	资源	zīyuán	名	resource
34	灾害	zāihài	名	disaster
35	频繁	pínfán	形	frequent
36	在所难免	zàisuǒ nánmiǎn		unavoidable; inevitable
37	著名	zhùmíng	形	famous; well-known
38	物理学*	wùlǐxué	名	physics
39	曾经	céngjīng	副	once; ever
40	表明	biǎomíng	动	to indicate; to manifest
41	行星*	xíngxīng	名	planet
42	灭绝	mièjué	动	to die out
43	宇航员*	yǔhángyuán	名	spaceman; astronaut
44	月球	yuèqiú	名	moon
45	基地*	jīdì	名	base
46	尽快	jǐnkuài	副	as soon as possible
47	火星*	huǒxīng	名	Mars
48	充满	chōngmǎn	动	to be filled with; to be full of
49	无限	wúxiàn	形	infinite

课文 Text

你希望未来的世界是什么样子？不上学就可以获取知识？不工作就可以得到需要的东西？没有雾霾和疾病？没有堵车和交通事故？

20 世纪 90 年代，当我们兴奋地用最笨重的台式电脑玩着俄罗斯方块游戏，在黑白屏幕上和朋友聊着天时，我们不会想到，今天的生活居然会和网络密不可分。现在，只要连上网络，你几乎可以解决衣食住行所有的事情。那么，未来的生活可能会有哪些更令人意想不到的变化呢？

未来，只要我一按按钮，一辆汽车就会停在我的面前；当我靠近汽车，车门会自动打开。上车后，我说出目的地，汽车会自动选择路线，启动出发。我还可以启动放松模式，让座椅调到最舒服的位置。接着，在我面前出现一块显示屏，上面可以选择各种娱乐节目。

路上，没有红绿灯，没有警察，每辆车都高速行驶，但不会相撞，因为它们能自动发送信号进行沟通，判断是否转向、加速等，它们还会让警车、救护车先行。这就是未来的无人驾驶汽车。

现在，你最担心的问题可能是：无人驾驶的汽车安全吗？

据报道，全世界超过 90% 的交通事故之所以发生，是因为人们的疏忽大意，而无人驾驶汽车却能有效避免这类事故的发生。当然，现在无人驾驶技术还并不成熟，目前仍然在不断完善。也许，未来最大的问题是：你敢把自己交给无人驾驶汽车吗？

除了无人驾驶汽车，现在人类还在研究进入太空的问题。随着世界人口的增加，人们的生活需求也越来越多，地球上的资源正在加速减少，加上环境恶化、自然灾害频繁发生等问题，未来人类进入太空是在所难免的。

一位著名物理学家曾经多次表明，未来200至500年内，人类如果不能在其他行星上找到一个新家，就有可能灭绝。他希望世界大国把宇航员送上月球，在月球建立基地，同时尽快启动前往火星的计划。

如果人类真的进入太空了，太空的生活会是什么样子？

未来的世界充满了无限可能。你最期待的是什么呢？

语言知识 Language guidelines

知识1 Tip 1

“世纪”“年代”

“20世纪90年代”

“世纪”，指计算年代的单位。一个世纪是一百年，通常是指连续的一百年。公元1年到公元99年，是1世纪，2001—2099年，就是21世纪。可以用“上”来表示前一个世纪。一个世纪中，连续十年是一个“年代”。例如：

（1）我爸爸出生于20世纪60年代。

（2）进入21世纪以后，人类世界的发展越来越快。

（3）20世纪80年代还在流行短发，90年代就开始流行长发了，咱们可跟不上潮流。

知识2 Tip 2

“几乎”

“现在，只要连上网络，你几乎可以解决衣食住行所有的事情。”

“几乎”常见的意义和用法有三种：

1. 副词，表示接近某种程度或某种结果。例如：

（1）我们学校几乎都是女老师。

（2）这个教室几乎坐满了。

2. 副词，表示“差点儿”。多指达到了即要发生而没有发生的程度。多用于不希望发生的事情。例如：

（3）过了这么多年，大卫几乎忘了妈妈的样子。

（4）忽然，脚下一滑，我几乎摔倒。

（5）在她几乎要放弃的时候，是那位朋友鼓励了她。

3. 副词，一种夸张的用法。例如：

（6）看到这么恶心的东西，我几乎要把晚饭吐出来了。

（7）这个电影太好笑了，我几乎把肚皮都笑破了。

知识3 Tip 3

"之所以A，是因为B"

"据报道，全世界超过90%的交通事故之所以发生，是因为人们的疏忽大意"

"之所以A，是因为B"表示A、B之间的因果关系，先说结果A，再说原因B，因果顺序和"因为……所以……"正好相反。例如：

（1）我之所以考得差，是因为没复习。

（2）房间之所以这么冷，是因为开了空调。

（3）事情之所以变成现在这样，是因为开始的时候你就没有好好准备。

知识4 Tip 4

"接着"

"接着，在我面前出现一块显示屏，上面可以选择各种娱乐节目。"

"接着"表示后一个动作紧跟着前一个动作进行。例如：

（1）我早上起床、洗脸，接着吃早饭。

（2）她跑完，他接着跑。

（3）我们学完一课，接着又学下一课。

知识5 Tip 5

"而"

"而无人驾驶汽车却能有效避免这类事故的发生"

"而"表示对比，用于后一句的开头，表示相反或相对的两件事。

例如：

（1）南方已经是春暖花开，而北方还是大雪纷飞。

（2）我觉得这个电影很无聊，而他觉得很有意思。

知识 6 Tip 6

“曾经”

“一位著名物理学家曾经多次表明”

“曾经”表示从前有过某种行为或情况，常跟“过”搭配。例如：

（1）我曾经去过泰国。

（2）来中国以前，他曾经学过中文。

（3）我曾经当过英文翻译。

◆比较：“曾经”和“已经”

1.“曾经”表示从前有过某种行为或情况，时间一般比较长；“已经”也表示事情完成，但时间一般不长，多表示在不久以前。例如：

（4）十年前他曾经去过那个公园。（时间长）

（5）昨天他已经去了那个公园。（时间不长）

2.“曾经”表示的动作或情况现在已经结束了；“已经”表示的动作或情况可能还在继续。例如：

（6）他曾经当过老师。（他现在不是老师）

（7）他已经当了老师。（他现在还是老师）

练习 Exercises

1. 词语搭配。Make phrases.

连__________	放松__________	解决__________
驾驶__________	选择__________	超过__________
启动__________	避免__________	充满__________
__________目的地	__________路线	__________方式
__________资源	__________网络	__________事故
__________知识	__________需要	__________疾病

2. 选词填空。Choose the right words to fill in the blanks.

（一）

沟通	尽快	密不可分	自动	事故
位置	疏忽大意	显示屏	行驶	完善

（1）A：这个售货机怎么用？

B：你先选好东西，再把钱放进去，零食就会__________出来。

（2）如果你想了解他的想法，就应该多和他__________。

（3）我可以和你换一下__________吗？我想和我的朋友坐在一起。

（4）妈妈生病住院了，我得__________去医院看看。

（5）警察把一辆超速__________的汽车拦住了。

（6）成绩的高低和付出努力的多少__________。

（7）你的这个设计很好，不过有些地方还需要继续__________。

（8）考试没考好，原因常常是自己__________，不该错的做错了。

（9）我眼睛不好，想买一个__________大一点儿的手机，这样看得清楚。

（10）刚才在路上发生了一起严重的交通__________。

（二）

几乎　　差不多

（1）我和妹妹样子__________，个子也相同，别人都觉得我们是双胞胎。

（2）这里的冬天太冷了，在室外不到十分钟，人__________要冻成冰棍了。

尽力　　尽快

（3）大卫病得很严重，一直高烧不退，我们得__________送他去医院。

（4）虽然最后比赛输了，但全队人都已经__________了，这样的结果还是可以接受的。

曾经　　已经

（5）五年前，我__________在那家公司工作过，那儿环境不错。

（6）我__________在中国学了一年中文了。

其次　　接着

（7）人类之所以不能在月球上生活，首先是因为那里没有氧气，__________是因为那里的气温很低。

（8）昨天到了北京以后，我们先去了长城，__________又去全聚德吃了北京烤鸭。

3. 完成句子。Complete the sentences with the given words.

（1）他的眼睛里____________________________________。（充满）

（2）下课以后他先去打篮球，________________________。（接着）

（3）来中国以前，____________________________________。（曾经）

（4）做这样的工作如果不小心，__________________。（在所难免）

（5）地铁上信号不好，你说的话______________________。（几乎）

（6）__________________，2080 年我们可能都要去月球生活。（据）

（7）现在哈尔滨已经零下 10 摄氏度了，__________________。（而）

4. “李明的故事”句子接龙。Story relay：The story of Li Ming.

老师用“之所以……，是因为……”的句式给出一个故事开头，然后学生依次用同样的句式接龙，前一个人的原因是后一个人的结果。

例如：

老师：李明之所以上课睡着了，是因为昨晚没睡好。

学生 1：李明之所以昨晚没睡好，是因为他复习到很晚。

学生 2：李明之所以复习到很晚，是因为他最近没有复习。

学生 3：李明之所以最近没有复习，是因为……

5. 组句。Rearrange the words to form a sentence.

（1）希望　有　明天　一个　能　好天气　我

____

(2) 孩子们　跑　地　家　兴奋　回　去

____

(3) 令　发展的　这个　意想不到　城市　速度　人

____

(4) 把　敢　工作　交给　你　一个孩子　吗　这么　重要的

____

(5) 无限　未来　可能　的　世界　充满　了

____

6. **根据上下文意思填空。** Fill in the blanks according to the context.

未来，只要我一（　　　　）按钮，一辆汽车就会停在我的面前；当我靠近汽车，车门会（　　　　）打开。上车后，我说出（　　　　）地，汽车会自动选择路线，（　　　　）出发。我还可以启动放松（　　　　），让座椅（　　　　）到最舒服的位置。接着，在我面前出现一块（　　　　），上面可以选择各种（　　　　）节目。

路上，没有红绿灯，没有警察，每辆车都高速（　　　　），但不会相撞，因为它们能自动发送信号进行（　　　　），判断是否转向、加速等，它们还会让警车、救护车先行。这就是未来的无人驾驶汽车。

7. **给句子排序。** Arrange the sentences in a right order.

A. 站在大门外，门会先判断我是不是主人，如果是，它就会自动开门。

B. 一进家门，只有一个房间，但是房间很大。

C. 我住在 84 层，一按电梯外面的号码，我就到了家门口。

D. 只要按一下墙上不同的按钮，房间就会变成客厅、厨房、书房等。

E. 只要我想一想书的名字或内容，那些书就会自动出现在我的面前，让我选择。

F. 我最喜欢把房间变成书房，里面什么书都有，像一个书店。

G. 如果是坏人，它就会打电话给警察。

8. 我是发明家。 I am an inventor.

（1）读下文，然后想一想，如果让你来设计未来世界的衣、食、住、行，你会怎样设计呢？请选一个方面说一说。

“未来服装”除了能根据穿着者情绪的变化，变成不同的色彩、图案，还能自动调节尺寸。比如开心时，系统会把衣服颜色变成红色；伤心时，衣服被设置为黑色；骄傲时，衣服被设置为紫色；忧郁时，衣服又被设置为蓝色。

人工智能系统还可以让衣服随着天气的变化而变化。比如雨天，它会变成防雨服；晴天，它会变成防晒服；雾霾天，它会变成防霾服；下雪天，它会变成防雪服。对于爱美的女性来说，未来的衣服，它的款式可以随着人们的需求而变化。比如逛街时，它会变成休闲服；运动时，它会变成运动服；游泳时，它会变成游泳服；滑雪时，它会变成滑雪服。

未来的衣服，它的厚薄可以随着人们的体温而变化。比如体温高时，系统会让衣服变薄，让人感到舒适；体温低时，系统会让衣服变厚，让人感到温暖。

（引自搜狐网《畅想未来生活新模样》，有删改）

（2）看网络视频 *A Day Made of Glass* 1、2，然后围绕“我是发明家”展开讨论：假如你是一个发明家，你要给未来的生活发明什么？

9．辩论。Debate.

班级可从以下辩题中选择一个，组织一场辩论。

（1）科技发展的利与弊。

正方：科技发展利大于弊；反方：科技发展弊大于利

（2）无人驾驶汽车问世，人还有必要学车吗？

正方：有必要学车；反方：没必要学车

（3）假如有条件进入太空生活，你选择留在地球还是进入太空？

正方：留在地球；反方：进入太空

（4）现在已经有很多翻译机了，我们还需要学习外语吗？

正方：需要；反方：不需要

10．写一写：未来的中文课堂是什么样子？Writing：What will the Chinese lesson look like in the future?

随着科技的发展，中文学习的方法和途径越来越多，未来的中文课堂会变成什么样子呢？和现在有哪些不一样？请同学们来写一写。

第三课　中国跟我想的不一样

China is not what I thought it was

课前热身 Warming up

你以前来过中国吗？中国现在和以前有什么不一样？你觉得中国最让你感到惊喜的是什么？Have you been to China before? What is the difference between now and the past? What do you think is the most amazing thing in China?

生词 New words

1	渐渐	jiànjiàn	副	gradually; step by step
2	媒体	méitǐ	名	media; medium
3	报道	bàodào	名	news report; coverage

4	社交*	shèjiāo	名	social contact
5	负面	fùmiàn	形	negative
6	发达	fādá	形	developed；flourishing
7	素质	sùzhì	名	quality
8	安全	ānquán	形	safe；secure
9	截然不同	jiérán bùtóng		to be entirely different
10	极其	jíqí	副	extremely
11	豪华	háohuá	形	luxurious
12	购物中心	gòu wù zhōngxīn		shopping center；shopping mall
13	地摊	dìtān	名	street stall
14	随时随地	suíshí suídì		anywhere and anytime；at all times and in all places；at any time and in any place
15	简直	jiǎnzhí	副	simply；at all；virtually
16	不可思议	bùkě sīyì		inconceivable；unimaginable
17	钥匙	yàoshi	名	key
18	足够	zúgòu	动	to suffice；to be enough
19	迅速	xùnsù	形	rapid；prompt
20	时长	shícháng	名	duration
21	缩短	suōduǎn	动	to cut down；to shorten
22	日益	rìyì	副	increasingly；more and more
23	四通八达	sìtōng bādá		to extend in all directions
24	灵活	línghuó	形	flexible；nimble；agile
25	便捷	biànjié	形	convenient

26	必不可少	bì bù kě shǎo		essential; necessary
27	哪怕	nǎpà	连	even; even if; even though; no matter how
28	抢劫	qiǎngjié	动	to rob
29	搭乘	dāchéng	动	to travel by (plane, car, ship, etc.)
30	大排档	dà pái dàng		food stall
31	夜宵	yèxiāo	名	night-time snack
32	家常	jiācháng	名	the daily life of a family
33	想象	xiǎngxiàng	动	imagination
34	人山人海	rénshān rénhǎi		huge crowds of people
35	热心	rèxīn	形	enthusiastic; warm-hearted
36	友好	yǒuhǎo	形	friendly
37	支支吾吾	zhīzhīwuwu		to falter; to hesitate in speaking
38	多数	duōshù	名	majority; multitude
39	老年人	lǎonián rén		the aged; senior citizens
40	结伴	jiébàn	动	to go with
41	太极拳	tàijíquán	名	Taiji
42	太极剑	tàijí jiàn		Taiji sword
43	平静	píngjìng	形	calm; quiet
44	或许	huòxǔ	副	perhaps; maybe
45	长寿	chángshòu	形	long-lived
46	强身健体	qiángshēn jiàntǐ		to build one's body
47	毽子*	jiànzi	名	shuttlecock

48	广场舞	guǎngchǎngwǔ	名	square dancing
49	下棋	xià qí		to play chess
50	打牌	dǎ pái		to play cards
51	总之	zǒngzhī	连	in a word；in short；in brief
52	留	liú	动	to remain；to stay
53	洋	yáng	形	foreign
54	女婿	nǚxu	名	son-in-law

课文 Text

在中国生活一年多了，我不仅完全适应了这里的生活，还渐渐爱上了这个国家。

来这儿之前，对于中国，我了解的并不多，只是通过媒体报道和社交网站知道一些，而且还大都是负面的内容，比如中国不太发达，很多地方又脏又乱，中国人素质不高、没礼貌，食品也不太安全，等等。

来到中国以后我才发现，中国跟我想的截然不同！

首先，中国的移动支付非常发达，生活极其方便。在中国，大到豪华的酒店、购物中心，小到街边的小吃摊、地摊，都可以随时随地用手机付款。一部手机就能搞定很多事情，比如网购、点外卖、打车……简直不可思议。现在我出门只需要带上钥匙和手机就足够了，我几乎都要忘了人民币长什么样子了。

其次，中国的公共交通发展得十分迅速，尤其是高铁，又快又安全。就拿北京到广州来说，普通火车 20 多个小时才能到，而高铁的时长至少缩短了一半。现在如果去外地旅游，高铁肯定是我的首选。另外，日益完善的地铁网络，四通八达的公交路线，灵活便捷的共享单车，都是我出行必不可少的选择。

再次，中国比很多地方安全多了。在我的国家，晚上许多商店很早就关门了，八九点钟街上就没多少人了，哪怕开车出去也要特别小心，担心被抢劫。但是在中国，我甚至经常搭乘夜班火车去旅行，不管是白天还是晚上，不管去哪儿，我都很放心。很多城市的夜生活都很丰富，我最喜欢的就是晚上去大排档吃夜宵，顺便听听中国人聊家常，有时候还能交到几个热情的中国朋友。

最后，中国人比我想象的还要多。节假日商场里、地铁里人山人海，走都走不动。中国人也比我想象的更热心友好，比如我刚来中国的时候，常常迷路，问路时也常常支支吾吾的，说半天也说不清楚，但他们还是会耐心地帮助我。还有，以前我以为很多中国人会功夫、会打乒乓球，没想到大多数人竟然都不会。不过在这儿，我常常看到许多老年人一大早就结伴去公园打太极拳、练太极剑，他们的功夫更像一种表演，让人看了心情就会平静放松，这或许就是他们长寿的原因吧。为了强身健体，保持头脑灵活，他们还会一起踢毽子、跳广场舞，一起下棋、唱戏、打牌、喝茶，我感觉中国老年人的生活比年轻人还要精彩。

总之，这个国家给了我太多的惊喜，我热爱这里的一切，希望以后能有机会留下来工作，如果能成为洋女婿就更好啦！

语言知识 Language guidelines

知识 1 Tip 1

"渐渐"

"还渐渐爱上了这个国家"

"渐渐"，表示程度或数量随时间增长缓慢地增减，用于书面语。"渐渐"后边可用动词和形容词，动词后不能带"着、过"，形容词后常带"了、起来、下去"等表示动态。"渐渐"有时可用于主语前，一定带"地"，有停顿。例如：

（1）一个月以后，我渐渐习惯了这里的生活。

（2）春天来了，天气渐渐暖和起来了。

（3）渐渐地，他的哭声越来越小。

◆比较："渐渐"和"慢慢"

"渐渐"和"慢慢"都表示动作或变化慢。"渐渐"是副词，多表示动作行为一步一步进行，或事物一点点发展、变化，常作状语；"慢慢"是形容词，多表示动作行为进行得慢。"慢慢"可以用来要求别人行为、动作慢一点儿。例如：

（4）太阳渐渐落山了。（慢慢√）

（5）别着急，你慢慢说。（渐渐 ×）

知识2 Tip 2

“简直”

“简直不可思议”

“简直”，强调完全如此或差不多如此，含夸张语气。在“得”字句中“简直”可以放在动词前，也可放在“得”字后面。常用“简直就是/像……”“简直太……了”。例如：

（1）李老师画的马简直像真的一样。

（2）他不是在走，简直是在跑。

（3）他简直忙得喘不过气来（他忙得简直喘不过气来）。

◆比较：“简直”和“几乎”

“简直”的意思是“接近完全”，表示差不多是某种情况，有夸张的语气；“几乎”只表示“接近”某种情况，程度上比“简直”弱一些，常用在动词性词语前边。例如：

（4）我简直要热死了，这屋里是没办法待下去了。

（5）我几乎要热死了，可总算是待下来了。

（6）他多年的梦想几乎要实现了。（简直×）

知识3 Tip 3

“就（拿）……来说”

“就拿北京到广州来说，普通火车20多个小时才能到，而高铁的时长至少缩短了一半。”

"就（拿）……来说"，表示从某一方面进行论述，大多是和其他人或事进行比较，使用之前要有一个总体情况的介绍。例如：

（1）广州的地铁发展很快，就拿这两年来说，广州的地铁线路数又增加了四五条，比以前更方便了。

（2）北京和广州差异较大，就拿天气来说，北京四季分明，而广州的冬天很短，夏天特别长。

（3）他学习上一点儿也不努力，就拿做作业这件事来说，大家都能按时完成，只有他每天都不写作业。

知识 4 Tip 4

"多少"

"在我的国家，晚上许多商店很早就关门了，八九点钟街上就没多少人了"

"多少"用在否定句里表示数量少或程度低。例如：

（1）我身上现在已经没多少钱了。（钱已经不多了）

（2）咱们没多少天就能回国了。（很快就能回国了）

（3）他本来就没多少话，生病以后说得就更少了。（说得不多）

知识 5 Tip 5

"哪怕"

"哪怕开车出去也要特别小心，担心被抢劫"

"哪怕"表示假设兼让步，后边多用"都、也、还"等呼应。例如：

（1）哪怕天气不好，我也一定要去。

（2）哪怕工作到 12 点，他都要抽时间学习。

（3）我们一定尽力，哪怕只有一线希望。

◆比较：“哪怕”和“即使”

两者都是连词，表示假如是某种情况。常用“哪怕……也/都……”“即使……也/都……”。“即使”通常用于书面语，后边的情况可能是人们希望的，也可能是人们不希望的；“哪怕”常用于口语，带有夸张的意味，常用于不希望发生的事。“哪怕”有时还可以用在动词和宾语之间。例如：

（4）即使我们取得了很好的成绩，也不能骄傲。（哪怕 ×）

（5）哪怕你考一百分，他也不会满意的。（即使√）

（6）只要能让学生学会哪怕一个汉字，她都很高兴。（即使 ×）

知识 6 Tip 6

“总之”

“总之，这个国家给了我太多的惊喜”

“总之”即总括起来说，表示概括性的结论，有“反正”的意思。例如：

（1）对于他的建议，有的人反对，有的人怀疑，总之，不可能完全一样。

（2）不管你怎么看，总之，我不同意用这个办法。

练习 Exercises

1. 词语搭配。Make phrases.

(1) 打 ________ ________ ________

(2) 抢 ________ ________ ________

(3) 搭乘 ________ ________ ________

(4) 缩短 ________ ________ ________

(5) 选择 ________ ________ ________

(6) 日益 ________ ________ ________

(7) 保持 ________ ________ ________

(8) 增加 ________ ________ ________

2. 选词填空。Choose the right words to fill in the blanks.

渐渐	通过	丰富	发达	想象	惊喜
留	便捷	不可思议	人山人海		

(1) ________朋友的介绍，我才来到这里学习。

(2) 明天是丽丽的生日，我打算给她一个________。

(3) 我们那儿的交通很________，想去哪儿就去哪儿。

(4) 许多________国家经济发展水平较高，科学技术先进，比如英国和美国。

(5) 看到长城的时候，我感到非常________，没想到几千年前的人这么聪明。

(6) 很难________在那么困难的条件下，这样的建筑是怎么建成的。

（7）我们的生活每天都__________多彩。

（8）桂林的山水给我__________下了深刻的印象。

（9）放假的时候，那儿总是__________，我们还是现在去吧。

（10）随着了解的深入，我__________喜欢上了这里的一切。

3. 词语辨析。Synonym differentiation.

热心　热情

（1）上次我迷路，一位小姐姐__________地帮助了我。

（2）我们到了丽丽的家，她__________地跑出来迎接我们。

以为　觉得

（3）你__________大家都不知道你的事吗？其实早就知道了。

（4）你不__________这是你自己的问题吗？

尤其　特别

（5）昨天是妈妈的生日，我送了一件__________的礼物。

（6）我特别喜欢吃水果，__________是榴莲，简直太好吃了！

渐渐　慢慢

（7）虽然这里的气候不太好，但是我也__________地习惯了。

（8）你__________吃，别着急，我等你。

几乎　简直

（9）这里太漂亮了，__________像天堂一样。

（10）他的房间＿＿＿＿＿放满了书。

一切　所有

（11）那儿太美了，我喜欢那儿的＿＿＿＿＿。

（12）我把＿＿＿＿＿的钱都给你。

哪怕　即使

（13）＿＿＿＿＿你考一百分，也不能骄傲。

（14）我不想错过＿＿＿＿＿一分钟的表演。

4．给下面的词找个合适的位置。Find a suitable place for the given words.

（1）A 那个地方 B 漂亮是漂亮，C 没有想象的 D 那么美。（并）

（2）A 我在中国 B 学中文，C 我的妹妹在美国 D 学英语。（而）

（3）A 我 B 不喜欢这里的洗手间，C 别的 D 我都喜欢。（就）

（4）虽然 A 我的国家现在还 B 不太发达，但是以后 C 一定 D 变得很好。（会）

（5）你 A 说什么 B？我 C 听不清楚 D。（完全）

（6）在南极，A 一到冬天 B 气候 C 就变得 D 恶劣。（极其）

5．组句。Rearrange the words to form a sentence.

（1）需要　现在　钥匙　只　带　手机　和　就　够　上　出门　了

＿＿＿＿＿＿＿＿＿＿＿＿＿＿＿＿＿＿＿＿＿＿＿＿＿＿＿＿＿＿＿＿

（2）日本　大　的　城市　网络　地铁　发达　很　都

＿＿＿＿＿＿＿＿＿＿＿＿＿＿＿＿＿＿＿＿＿＿＿＿＿＿＿＿＿＿＿＿

（3）高铁　工具　重要　已经　成为　交通　市内　最　的　之一

____

（4）比　中国人　我　的　想象　热情　更　友好

____

（5）我　以后　希望　机会　在　能　有　留　工作　这儿

____

6. 完成句子。 Complete the sentences with the given words or expressions.

（1）这儿的商场都很不错，____。（就拿……来说）

（2）我们班的同学都很努力，____。（就拿……来说）

（3）今天大卫唱歌唱得太好了，他在舞台上____。（简直）

（4）他跑得太快了，______________________。（简直）

（5）A：回国以后你还会学中文吗？

B：______________________，我也会努力学中文。（哪怕）

（6）A：你爱你妈妈吗？

B：______________________，我都爱她。（哪怕）

（7）A：都三天了，我们的衣服怎么还没干？

B：______________________。（或许）

（8）A：那个新电影院现在人多吗？

B：______________________。（多少）

7. 仿写。Make sentences according to the examples.

（1）在中国生活一年多了，我不仅完全适应了这里的生活，还渐渐爱上了这个国家。（不仅……，渐渐……）

（2）来这儿之前，对于中国，我了解的并不多，只是通过媒体报道和社交网站知道一些。（对于……，只是……）

（3）在中国生活，一部手机能搞定很多事情，比如点外卖、网购、打车，简直不可思议。（比如……，简直……）

（4）中国的公共交通发展得十分迅速，尤其是高铁，又快又安全。

（尤其……，又……又……）

（5）现在如果去外地旅游，高铁肯定是我的首选。

（如果……，肯定……）

（6）不管是白天还是晚上，不管去哪儿，我都很放心。

（不管……，都……）

（7）以前我以为很多中国人会功夫、会打乒乓球，没想到大多数人竟然都不会。（以为……，没想到……）

（8）希望以后能有机会留下来工作，如果能成为洋女婿就更好啦！

（希望……，如果……）

8．我是导演。I am a director.

背景：第一次来中国的四个朋友，发现了一些自己从来没想到的事情。大家一起聊天。

要求：根据课文内容编对话，一个人说的时候，其他人要表演。比如：A 说手机支付很方便，B、C、D 三位同学就要表演手机支付的场景。导演还可以再添加别的内容。

9．给句子排序。Arrange the sentences in a right order.

（1）A．在中国生活一年多了

B．而且越来越喜欢这个国家

C．我不但完全适应了这里的生活 ________

（2）A．可是今天起晚了

B．平时我坐公交车上学

C．所以就打的来学校了 ________

（3）A．今天早上，广州突然下大雨

B．所有航班都取消了，所以我朋友只好回来了

C．并且越下越大，完全没有要停的意思 ________

（4）A．那件事情，我们一直以为是他的错

B．没想到后来才发现，是我们搞错了

C．他应该对这一切负责　　__________

（5）A．中国人实在太多了

B．尤其是在过节的时候

C．地铁站人山人海，简直不能呼吸了　　__________

10．写一写：……跟我想象的不一样。 Writing：…is not I thought it was.

第四课　成语故事二则

Two idiom stories

课前热身 Warming up

成语是什么？你知道哪些中文成语？What is an idiom? Which Chinese idioms do you know?

生词 New words

1	成语	chéngyǔ	名	idiom; phrase
2	添	tiān	动	to add
3	从前	cóngqián	名	once upon a time; a long time ago
4	官员	guānyuán	名	official
5	下属*	xiàshǔ	名	subordinate

6	上等	shàngděng	形	first-class；superior
7	发愁	fāchóu	动	to worry
8	凑合	còuhe	动	to be passable；to be not too bad
9	够	gòu	动	to suffice；to be enough
10	获得	huòdé	动	to gain；to obtain
11	异议	yìyì	名	objection
12	纷纷	fēnfēn	副	one after another
13	点头	diǎntóu	动	to nod assent；to nod one's agreement
14	三下五除二	sān xià wǔ chú èr		neat and quick
15	端	duān	动	to hold sth.；to carry
16	回头	huítóu	动	to turn one's head
17	得意	déyì	形	proud of oneself
18	一下子	yíxiàzi	副	at a draught；at one blow；right off
19	本来	běnlái	副	originally；essentially
20	咕咚*	gūdōng	拟	thud；splash；plump
21	自作聪明	zìzuò cōngmíng		to think oneself clever
22	眼睁睁	yǎnzhēngzhēng	形	helplessly；unfeelingly
23	苗	miáo	名	seedling；sprout
24	古时候*	gǔ shíhou		ancient times；old time；age-old

25	农夫	nóngfū	名	farmer
26	嫌	xián	动	to dislike; to mind; to complain of
27	田	tián	名	field
28	禾苗	hémiáo	名	seedlings of cereal crops
29	希望	xīwàng	动	to hope; to wish; to prospect
30	能够	nénggòu	动	to be capable of; to be able to
31	自言自语	zìyán zìyǔ		to talk to oneself
32	急忙	jímáng	副	hastily; hurriedly
33	棵	kē	量	a measure word for plants
34	落	luò	动	to go down; to set
35	筋疲力尽	jīnpí lìjìn		to be tired out; to be completely exhausted
36	截	jié	量	section; chunk; length
37	心满意足	xīnmǎn yìzú		to be fully satisfied and content; to be perfectly content
38	完美	wánměi	形	perfect; consummate; flawless
39	便	biàn	副	just; then; in that case
40	总算	zǒngsuàn	副	at long last; finally
41	白	bái	副	in vain; without result

42	莫名其妙	mòmíngqímiào		inexplicable; confusing
43	枯	kū	形	(a plant, etc.) withered

专名 Proper nouns

楚国	Chǔguó	名	Chu-state

课文 Text

课文1 Text 1

画蛇添足

从前楚国有个官员，他赏给下属一壶上等好酒。下属们看了看这壶酒，却发起愁来：这壶酒一个人喝还凑合，几个人分着喝肯定不够，这该怎么办？这时，有一个人提议："这样吧，我们在地上比赛画蛇，先画好的人就能获得这壶美酒，怎么样？"大家都没有异议，纷纷点头，觉得这个主意很不错。

有个人三下五除二就画好了，他立刻端过酒壶，正准备喝，回头看到其他人还在画，就得意地说："你们画得真慢！我再给蛇画几只脚也比你们快得多。"于是，他就左手拿着酒壶，右手给蛇画起脚来。结果，还没等他画完，另一个人已经画好了。那个人一下子就把他手里的酒抢了过去，说："你难道没见过蛇吗？蛇本来就没有脚，你怎么能随意给它添上脚呢？所以，第一个画好蛇的人是我，而不是你！"说完就把壶中的好酒咕咚咕咚地喝了下去，那个自作聪明的人只能眼睁睁地看着好酒被别人喝光。

课文2 Text 2

拔苗助长

古时候有一个农夫，他总是嫌自己田里的禾苗长得太慢，于是，天天到田边查看，希望自己的禾苗能够快点儿长大。

可是，一连看了好几天，禾苗好像一点儿变化也没有。他在田边急得转来转去，自言自语地说："我得想个办法帮帮它们。"

有一天，他终于想到了一个办法，急忙跑到田里，把禾苗一棵棵拔高。从中午一直忙到太阳落山，弄得筋疲力尽。但看到田里的禾苗都高了一大截，他感到心满意足，自以为很完美，便高高兴兴地跑回家了。他一进门就兴奋地对儿子说："今天可把我累坏了，不过力气总算没白费，禾苗都长高了一大截。"他的儿子感到莫名其妙，第二天跑到田边一看，发现禾苗全都枯死了。

语言知识 Language guidelines

知识1 Tip 1

"三下五除二"

"有个人三下五除二就画好了"

"三下五除二"，原来是珠算口诀里的一句，常常比喻行动果断敏捷。算盘一般有上下两档算珠，上面的每个代表五，下面每个代表一，三下五除二就是从上档里拨下一个来当五，从下档里减去二个，用这样来代表三。因为做这个动作很快，所以，现在的意思是形容做事情非常快。例如：

（1）哥哥的功夫很厉害，三下五除二就把坏人打跑了。

（2）三下五除二，她很快就把房间打扫干净了。

（3）大卫太饿了，三下五除二就吃掉了一大碗面条。

知识❷ Tip 2

“本来”

“蛇本来就没有脚，你怎么能随意给它添上脚呢？”

“本来”，副词，有“原先、先前”的意思，有时也单用“本”，表示以前某个时期是那样，现在情况已经变了，或者按道理就应该这样。例如：

（1）我本来不知道这件事，后来他告诉我了。

（2）我本来不打算参加这个活动，但听说你要来，所以我就报名了。

◆比较：“本来”和“原来”

“本来”和“原来”都可以表示以前某个时期的情况和现在不一样了。但“本来”还可表示按道理就应该这样，“原来”不可以。“原来”还可以表示发觉以前不知道的情况或突然明白了某事，“本来”则不可以。例如：

（3）我本来姓王，后来改姓了张。（原来√）

（4）这100块钱本来早就该还给你，只是一直找不到时间。（原来×）

（5）原来她才是你的女儿啊，我一直都认错人了。（本来×）

知识3 Tip 3

“一下子”

“那个人一下子就把他手里的酒抢了过去”

“一下子”，副词，用在动词前，表示动作或状态的变化发生在短时间内，强调动作或状态变化非常快。例如：

（1）他想了想，突然一下子全明白了。

（2）看到妈妈走了，小宝宝一下子哭了起来。

（3）听到这个好消息，他高兴得一下子从床上跳了下来。

知识4 Tip 4

“咕咚咕咚”

“说完就把壶中的酒咕咚咕咚地喝了下去”

“咕咚咕咚”，拟声词，模拟东西落下的声音。中文中的拟声词常放在动词前作状语，描写动作发出的声音或状态。例如：

（1）他把酒咕咚咕咚地喝了下去。

（2）小猫正在喵喵地叫。

（3）雨哗啦哗啦地下了起来。

知识5 Tip 5

“嫌”

“他总是嫌自己田里的禾苗长得太慢”

“嫌”的意思是不喜欢，不满意。“嫌”的后边可用名词、形容词，也可带兼语，兼语可以提到前边作主语。例如：

（1）他嫌我，我就走。

（2）为了学好中文，他不嫌远，也不嫌累，每天坐一个小时车到学校。

（3）她嫌那件衣服太大，就没买。（那件衣服她嫌太大，就没买）

名词宾语只可用于人，不可以指代东西，用来指东西的时候要用“不喜欢”。

（4）在这里没人嫌你，你不要哭了。

（5）我不喜欢这儿的天气。（嫌 ×）

知识6 Tip 6

“白”

“今天可把我累坏了，不过力气总算没白费”

“白”可作副词，放在动词前，表示所做的动作没有效果。也可表示所做的事情没有代价，没有报酬。例如：

（1）今天银行关门，我白跑了一趟。

（2）批评你也白批评，一点儿也不知道改。

（3）今天电影院搞活动，我白看了两场电影。

练习 Exercises

1. 词语搭配。 Make phrases.

(1) 添 ________ ________ ________

(2) 分 ________ ________ ________

(3) 落 ________ ________ ________

(4) 端 ________ ________ ________

(5) 拔 ________ ________ ________

(6) 发 ________ ________ ________

(7) 获得 ________ ________ ________

(8) 感到 ________ ________ ________

2. 选词填空。 Choose the right words to fill in the blanks.

眼睁睁	心满意足	筋疲力尽	拔苗助长
莫名其妙	自作聪明	自言自语	画蛇添足

(1) 这个字本来已经写对了，你再多写一笔，就________了。

(2) 跑完5000米，他已经________，不想动了。

(3) 你只要常来看看我，跟我聊聊天，我就________了。

(4) 最近他心情不好，常常________生气。

(5) 孩子的教育千万别太着急，咱们可不能________，这样对孩子不好。

(6) 身体不舒服就要去医院检查一下，别________乱吃药。

(7) 她________地说："他们怎么一个一个都走了？"

(8) 这场比赛咱们不能________地看着他们输，得尽快想个办法帮他们。

3. 完成句子。Complete the sentences with the given words.

(1) 他去了很多书店，______________。（终于）

(2) ______________，但最后还是当了老师。（本来）

(3) 手机响了，______________。（急忙）

(4) 这家公司除了有点儿累，______________。（凑合）

(5) 看到这个结果______________。（一下子）

(6) 大卫打扫得很快，______________。（三下五除二）

(7) 他吃完饭，______________。（便）

(8) 我们找了他一个晚上，______________。（总算）

4. 用括号里的词语回答问题。Answer the questions with the given words.

(1) 大卫怎么不去食堂吃饭？出去吃饭多贵啊！（嫌）

____

(2) 她怎么不和我们一起出去玩儿呢？（嫌）

____

(3) 你怎么看起来这么累？不是在家写作业吗？（白）

____

(4) 房间怎么这么脏，你打扫房间了吗？（白）

____

(5) 下个学期，你还打算在这里学习吗？（本来）

____

(6) 安娜你怎么在这里，不是已经请假了吗？（本来）

____

5. 一锤定音。Auction.

学生分成3～4人的小组若干，每组学生手持4～5个挖空的句子卡片，每组句子不完全相同，同时，每组各有100元本金。

老师依次展示下列拟声词，学生根据本组的句子和资金情况为该词出价，出价最高即拍得该拟声词。小组需将“拍”到的词语填入自己的句子中，然后读出句子。

老师判断词语搭配的正误，正确次数最多，且剩余资金最多的小组获胜。

dī dī 滴 滴	gū gū 咕 咕	hū hū 呼 呼	jījizhāzhā 叽叽喳喳	jījigūgū 叽叽咕咕
hā hā 哈 哈	pīlipālā 噼里啪啦	gūdu 咕嘟	shuā shuā 唰 唰	wāng wāng 汪 汪

 biānpào 鞭炮 ________地响。	 北风________地吹。

 风刮得树叶__________地响。	 马路上汽车__________地响着。
 他俩__________地说了半天。	 她__________地喝了一大杯水。
 窗外的小鸟__________地叫。	 妈妈__________大笑起来。
 肚子饿得__________叫。	 小狗见到我总是__________叫。

6. 给句子排序。Arrange the sentences in a right order.

A. 虽然大家不明白他为什么这样做，但是也没有人问他原因。

B. 船到江中时，他不小心，把随身带的一把剑掉在江中。

C. 然后对大家说："这是我的剑掉下去的地方，所以我要刻上一个记号。"

D. 那个人马上拿出一把小刀，在船上刻上一个记号。

E. 古时候，有一个人坐船过江。

____

A. 这时，大家才明白过来，都哈哈大笑起来。

B. 他觉得很奇怪，自言自语地说：

C. "我的剑是从这里掉下去的，怎么会找不到呢？"

D. 他想把掉下去的剑捞起来，可是，捞了半天，也没捞到那把剑。

E. 船到岸边后，那个人立即从刻记号的地方跳下水去。

____

7. 成语大观园。Idiom story acting.

猜一猜下列图片内容描述的是哪一个成语，上网查一查这些成语的意思和故事来源，然后选择一个故事，和其他同学表演出来。

huǒshàng jiāoyóu 火上浇油	duìniú tánqín 对牛弹琴	huàlóng diǎnjīng 画龙点睛	shǒuzhū dàitù 守株待兔
jǐngdǐzhīwā 井底之蛙	xuězhōng sòngtàn 雪中送炭	shuǐdī shíchuān 水滴石穿	zhǐlùwéimǎ 指鹿为马
zìxiāng máodùn 自相矛盾	lànyú chōngshù 滥竽充数	hújiǎhǔwēi 狐假虎威	záobì tōuguāng 凿壁偷光

8．根据上下文意思填空。Fill in the blanks according to the context.

有个人（　　　　）就画好了，他立刻（　　　　）过酒壶，正准备喝，回头看到其他人还在画，就（　　　　）地说："你们画得真慢！我再给蛇画几只脚也比你们快得多。"（　　　　），他就左手拿着酒壶，右手给蛇画起脚来。（　　　　），还没等他画完，另一个人已经画好了。那个人一下子就把他手里的酒（　　　　）了过去，说："你难道没见过蛇吗？蛇（　　　　）就没有脚，你怎么能（　　　　）给它添上脚呢？所以，第一个画好蛇的人是我，而不是你！"说完就把壶中的好酒咕咚咕咚地喝了下去，那个（　　　　）的人只能（　　　　）地看着好酒被别人喝光。

9．猜成语。Guess idioms.

分小组，一个同学做动作，另一个同学根据动作猜学过的成语，相同时间内答对最多成语的小组获胜。

10．我是某国通。I am an expert.

（1）找一个成语，用自己的话介绍它的故事。

（2）找一找其他语言中，和成语一样，有历史故事或者固定意义和用法的俗语、俚语、短语，向其他同学介绍一下。

第五课　趣说汉字

Interesting Chinese characters

课前热身 Warming up

你能猜出下边的字是什么汉字吗？你还见过哪些有意思的汉字？

Can you guess what Chinese characters are these? What other interesting characters have you seen?

生词 New words

1	做官	zuò guān		to be an official
2	临	lín	介	near
3	春联	chūnlián	名	Spring Festival scrolls
4	横批*	héngpī	名	the top scroll
5	扭头	niǔtóu	动	to turn one's head
6	下人	xiàrén	名	servant

7	扛	káng	动	to take；to hold
8	粮食	liángshi	名	grain
9	破破烂烂	pò pò làn làn		shabby；busted up
10	围	wéi	动	to surround；to enclose；to beleaguer
11	像样	xiàngyàng	形	decent；presentable
12	赶忙	gǎnmáng	副	hurrily；in haste
13	年货	niánhuò	名	special purchases for the Spring Festival
14	感激	gǎnjī	动	to be grateful for
15	呵呵	hēhē	拟	giggle
16	解释	jiěshì	动	to explain
17	缺	quē	动	to be short of；to lack
18	合	hé	动	to join；to combine
19	恍然大悟	huǎngrán dàwù		to be suddenly enlightened
20	常年	chángnián	副	in long-term；year in year out
21	经商	jīngshāng	动	to engage in trade；to be in business
22	看望	kànwàng	动	to visit
23	雇	gù	动	to hire
24	帮手	bāngshou	名	staff
25	故	gù	动	to be dead；to die
26	号啕大哭	háotáo dàkū		to cry aloud；to cry loudly with abandon

27	奔丧*	bēnsāng	动	to hurry back for funeral
28	得知	dézhī	动	to be informed of
29	哭笑不得	kūxiào bùdé		unable to cry nor to laugh
30	一字之差	yí zì zhī chā		there is a difference of only a single word
31	鸡飞狗跳	jīfēi gǒutiào		to generate turmoil
32	可笑	kěxiào	形	laughable; ridiculous; ludicrous; funny
33	分离	fēnlí	动	to depart
34	手术	shǒushù	名	operation
35	夫妻	fūqī	名	husband and wife
36	何必	hébì	副	why
37	闹	nào	动	to make a noise; to stir up trouble
38	离婚	líhūn	动	to divorce
39	怀孕	huáiyùn	动	to be pregnant
40	双胞胎	shuāngbāotāi	名	twins
41	躺椅	tǎngyǐ	名	deck chair
42	轿车*	jiàochē	名	car
43	装修	zhuāngxiū	动	to decorate
44	整容	zhěngróng	动	to face-lift
45	痣*	zhì	名	mole, nevus
46	保镖*	bǎobiāo	名	bodyguard
47	博士	bóshì	名	doctor
48	帽	mào	名	hat

49	身价百倍	shēnjià bǎibèi		to have a sudden rise in social status
50	面积	miànjī	名	area

课文 Text

课文1 Text 1

缺“一”少“十”

郑板桥在山东做官的时候，有一年，临近春节，他看到一户人家门前贴着这样一副春联：

“二三四五，六七八九。”

横批是：“南北。”

郑板桥一句话也没说，扭头就走了。不一会儿，他的下人就跟着他一起回来了，他们手里拿着几件衣服，提着一块肉，肩上还扛着一袋粮食，然后敲开那家人的门，只见一家老小穿得破破烂烂的围坐在桌边，桌上也没什么像样的饭菜。郑板桥赶忙把带来的东西送给了他们，说：“过年了，这点儿东西就给你们当年货吧！”那家人十分感激。

出了门，下人问他：“您是怎么知道他们需要这些东西的？”

郑板桥呵呵一笑，解释说：“他家的上联缺了个‘一’，下联少了个‘十’，横批只有‘南北’没有‘东西’。这合起来不就是‘缺衣少食没东西’吗？”

下人一听，恍然大悟。

课文2 Text 2

一字之差

有一个生意人常年在外经商，只能偶尔回家看望一下家人。有一次他请别人给家人写了一封信，说自己在外面很忙，雇了一个人做帮手，结果把“人已雇”写成了“人已故”。他母亲看了信后号啕大哭，急忙带着一家老小赶去奔丧，到了那儿一看，儿子好好地在家里坐着。得知这件事以后，他哭笑不得。这一字之差，把全家搞得鸡飞狗跳，你们说可笑不可笑。

课文3 Text 3

汉字对话

1. “人”对“从”说：你怎么还没去做分离手术？
2. “比”对“北”说：夫妻何必闹离婚呢？
3. “口”对“回”说：亲爱的，都怀孕这么久了，你也不说一声。
4. “尺”对“尽”说：姐姐，结果出来了，你怀的是双胞胎。
5. “寸”对“过”说：老爷子，买躺椅了？
6. “占”对“点”说：买小轿车了？
7. “晶”对“品”说：你家难道没装修？
8. “叉”对“又”说：什么时候整的容啊？脸上那颗痣呢？
9. “旦”对“但”说：胆小的，还请保镖了？
10. “巾”对“币”说：你戴上博士帽，就身价百倍了。

11. “果”对“裸”说：哥们儿，你穿上衣服还不如不穿。

12. “臣”对“巨”说：我们的面积一样，但我是三室两厅。

语言知识 Language guidelines

知识1 Tip 1

“临”

“临近春节”

“临”，介词或动词。作介词时，它的宾语是动词或动词词组，常说“临……时/的时候”“临……前/以前”等。例如：

(1) 临出国前，我们一起去看望了爷爷奶奶。

(2) 临出发前，他又检查了一遍行李箱。

(3) 临近期末考试，图书馆里坐满了人。

作动词时，有“靠近”的意思，例如：

(4) 厦门是一个临海城市。

(5) 这里临山，偶尔会有一些小动物跑过来玩耍。

知识2 Tip 2

“像样”

“桌上也没什么像样的饭菜”

“像样”，形容词，意思是有一定水平；够一定标准；体面好看。

例如：

（1）结婚的时候，他们连一件像样的家具都没有。

（2）虽然才学了3个月中文，他写得还挺像样的。

（3）这么多年了，那些衣服早就破得不像样了。

知识3 Tip 3

“可”

“你们说可笑不可笑”

“可”是前缀。“可+动词”表示应该、值得，构成形容词。与表示心理状态的单音节动词组合。例如：

可气　可爱　可笑　可怕　可喜

知识4 Tip 4

“鸡飞狗跳”

“把全家搞得鸡飞狗跳”

“鸡飞狗跳”，意思是把鸡吓得飞起来，把狗吓得到处乱跳。形容惊慌得乱成一团。例如：

（1）五个孩子凑在一起，把家里闹得鸡飞狗跳的。

（2）家里整天闹得鸡飞狗跳的，没有一点儿安静的时候。

知识 5 Tip 5

教学视频

"何必"

"夫妻何必闹离婚呢？"

"何必"是用反问语气表示不必。例如：

(1) 只是一件小事，何必这么伤心呢？

(2) 都是老朋友，何必客气呢？

(3) 他就是个小孩子，你何必跟他生气呢？

练习 Exercises

1. 看图写词。 Write words according to the pictures.

 (1)（　　　）	 (2)（　　　）	 (3)（　　　）
 (4)（　　　）	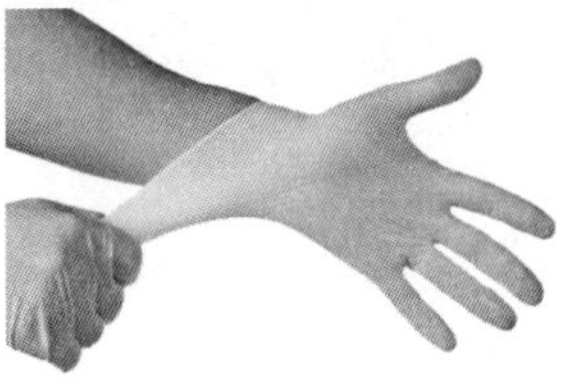 (5)（　　　）	 (6)（　　　）

（7）（　　　）	（8）（　　　）	（9）（　　　）

2. 词语搭配。Make phrases.

（1）贴 ________ ________ ________

（2）提 ________ ________ ________

（3）扛 ________ ________ ________

（4）敲 ________ ________ ________

（5）缺 ________ ________ ________

（6）看望 ________ ________ ________

3. 选词填空。Choose the right words to fill in the blanks.

破破烂烂	恍然大悟	号啕大哭	哭笑不得
一字之差	鸡飞狗跳	身价百倍	缺衣少食

（1）听到最后，我才________，原来他是骗我的。

（2）父母留下来的老房子，现在已经变得________。

（3）自从当了明星以后，他________，很多商家都抢着来请他代言。

（4）“西安”和“西宁”________，但是这两个城市一点儿也不一样。

（5）现在的孩子真是幸福，从不＿＿＿＿＿＿，一点儿苦也没受过。

（6）听到奶奶去世的消息，他一下子坐在地上＿＿＿＿＿＿。

（7）我最头疼的就是辅导孩子作业，一和他写作业就闹得＿＿＿＿＿＿。

（8）看到大卫把“汉字”写成“汉子”，我真是＿＿＿＿＿＿。

4．**完成句子**。Complete the sentences with the given words.

（1）我不是常喝酒，＿＿＿＿＿＿＿＿＿＿＿＿＿＿＿＿。（偶尔）

（2）我们班的同学都很努力，＿＿＿＿＿＿＿＿＿＿＿＿＿＿＿＿。（临）

（3）他也是刚开始工作，＿＿＿＿＿＿＿＿＿＿＿＿＿＿＿＿？（何必）

（4）家里实在太穷，＿＿＿＿＿＿＿＿＿＿＿＿＿＿＿＿。（像样）

（5）A：我刚刚看到有人乱扔垃圾，我让他捡起来，他还骂我。

B：怎么有这样的人，真是太＿＿＿＿＿＿＿＿＿＿了！（可）

5．**模仿下列趣味汉字的写法，再编 5 个出来**。Make five sentences about Chinese characters according to the example.

“器”对“哭”说：叫你平时多练练口才，现在被人训哭了吧。

“昌”对“吕”说：＿＿＿＿＿＿＿＿＿＿＿＿＿＿＿＿＿＿＿＿

＿＿＿＿＿＿＿＿＿＿＿＿＿＿＿＿＿＿＿＿＿＿＿＿＿＿＿＿

＿＿＿＿＿＿＿＿＿＿＿＿＿＿＿＿＿＿＿＿＿＿＿＿＿＿＿＿

＿＿＿＿＿＿＿＿＿＿＿＿＿＿＿＿＿＿＿＿＿＿＿＿＿＿＿＿

＿＿＿＿＿＿＿＿＿＿＿＿＿＿＿＿＿＿＿＿＿＿＿＿＿＿＿＿

＿＿＿＿＿＿＿＿＿＿＿＿＿＿＿＿＿＿＿＿＿＿＿＿＿＿＿＿

6. 请改正下面广告语中的错别字，并猜一猜这是什么商品的广告语。 Please correct the typos in the slogans below and guess what products these slogans are for.

衣衣不舍	一网情深	鸡不可失
骑乐无穷	天长地酒	食全食美

7. 请改正下面图片中的错别字。 Please correct the typos in the pictures below.

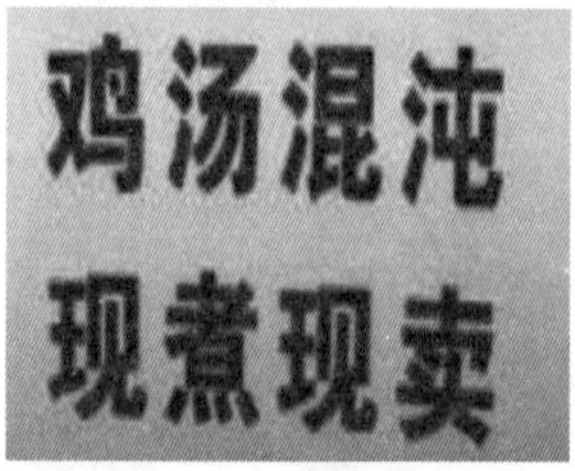

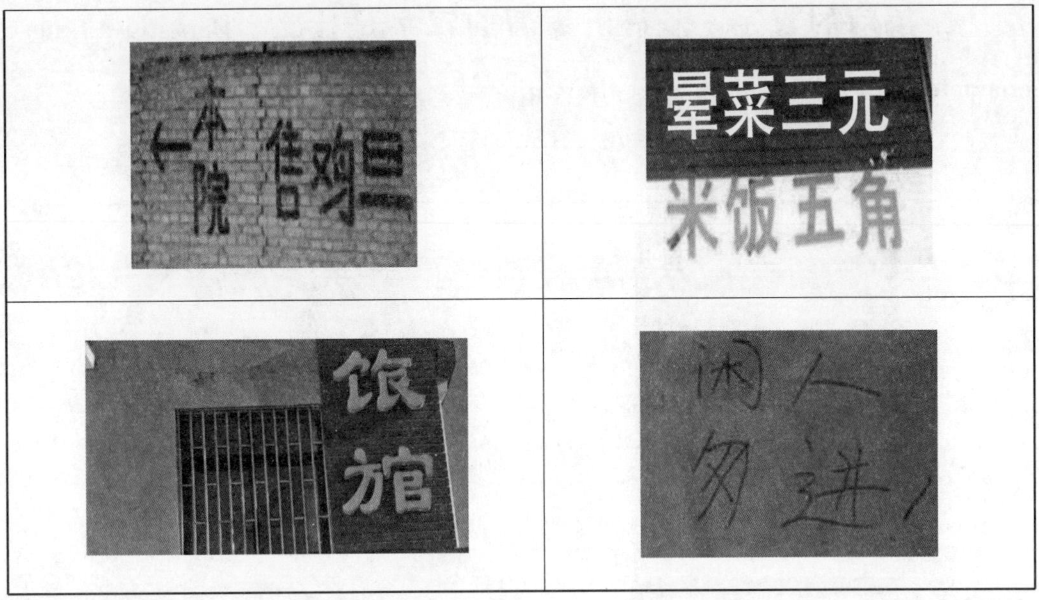

8. 请分享你写错的汉字趣事。Please share your story about miswriting Chinese characters.

9. **舞动的汉字：请猜出下面的汉字是什么。**Dancing Chinese characters: Please guess what the Chinese characters below are.

 （1）（　　　　　　　）	 （2）（　　　　　　　）
 （3）（　　　　　　　）	 （4）（　　　　　　　）
 （5）（　　　　　　　）	 （6）（　　　　　　　）
 （7）（　　　　　　　）	 （8）（　　　　　　　）

 （9）（　　　　　　　　）	 （10）（　　　　　　　　）
 （11）（　　　　　　　　）	 （12）（　　　　　　　　）

10．我是汉字设计师。I am a Chinese characters designer.

请你仿照上图中的设计风格，设计一个属于自己的汉字，要求健康向上。

11. 火眼金睛。Penetrating insight.

请分小组去街头找错别字，然后向全班汇报小组的成果。

第六课　我追过的明星

The stars I chased

课前热身 Warming up

说一说你追过的明星。Introduce the stars you chased.

生词 New words

1	嗨	hāi	形	happy
2	偶像	ǒuxiàng	名	idol
3	经典	jīngdiǎn	形	classic

4	摇滚*	yáo gǔn		rock music (a kind of music)
5	代表作	dàibiǎozuò	名	representative work
6	超级	chāojí	形	super
7	迷恋	míliàn	动	to be infatuated with
8	舞台	wǔtái	名	stage; arena
9	表现	biǎoxiàn	动	behavior; performance
10	灵魂	línghún	名	soul
11	打动人心	dǎdòng rénxīn		touching
12	风格	fēnggé	名	style; manner
13	感动	gǎndòng	形	moved; touched
14	勇气	yǒngqì	名	courage; nerve
15	疯狂	fēngkuáng	形	crazy; mad; insane
16	收藏	shōucáng	动	to collect; to store up; to enshrine
17	专辑	zhuānjí	名	album
18	海报	hǎibào	名	poster
19	甜美	tiánměi	形	sweet
20	当初	dāngchū	名	at the beginning; originally; in the first place
21	歌声	gēshēng	名	the sound of singing
22	结缘*	jiéyuán	动	to become attached to; to take a fancy to
23	媒人*	méiren	名	matchmaker

24	作为	zuòwéi	介	as
25	华人	huárén	名	ethnic Chinese
26	出生	chūshēng	动	to be born
27	普通	pǔtōng	形	common；general；ordinary
28	从小	cóngxiǎo	副	from childhood；as a child
29	钟爱	zhōng'ài	动	to dote on （a child）；to cherish
30	习武	xí wǔ		to learn martial arts
31	良好	liánghǎo	形	good；fine
32	武术	wǔshù	名	Wushu；martial arts
33	基础	jīchǔ	名	foundation；base；basis
34	苦练	kǔ liàn		to practise hard
35	因此	yīncǐ	连	therefore；hence；consequently；thus；for this reason；so
36	可贵	kěguì	形	valuable；precious；admirable
37	使	shǐ	动	to use；to make
38	替身	tìshēn	名	substitute
39	亲自	qīnzì	副	in person
40	特技	tèjì	名	special effects；stunt；trick
41	特效	tèxiào	名	special effects；CGI

42	称赞	chēngzàn	动	to praise; to acclaim; to commend
43	皇帝	huángdì	名	emperor
44	佩服	pèifú	动	to admire
45	敬业	jìngyè	动	to dedicate oneself to work
46	称	chēng	动	to call
47	勤奋	qínfèn	形	hardworking; industrious
48	兢兢业业	jīngjīngyèyè	形	conscientious and doing one's best
49	截止*	jiézhǐ	动	to end; to close
50	参与	cānyù	动	to partake; to participate in
51	鼓励	gǔlì	动	to encourage
52	责任心	zérènxīn	名	responsibility
53	榜样	bǎngyàng	名	example; model
54	不断	búduàn	副	constantly; continuously
55	优秀	yōuxiù	形	excellent

专名 Proper nouns

1	迈克·杰克逊	Màikè · Jiékèxùn	名	Michael Jackson
2	阿黛尔	Ādài'ěr	名	Adele Adkins
3	李连杰	Lǐ Liánjié	名	Jet Li
4	刘德华	Liú Déhuá	名	Andy Lau

课文 Text

课文1 Text 1

安　娜： 你在听什么歌啊，怎么这么嗨？

王乐乐： 是我的偶像迈克·杰克逊的 *Beat It*。

安　娜： 这首歌确实不错，是一首很经典的摇滚歌曲，也是他的代表作之一。以前我也超级迷恋杰克逊，他在舞台上的表现真的好酷啊！不过，最近我迷上了阿黛尔的歌。

王乐乐： 阿黛尔可是"灵魂歌后"，她的歌特别打动人心。与杰克逊的歌相比，风格截然不同，每次一听她的歌我就很感动，但是杰克逊的歌会让人充满勇气和力量。

安　娜： 说得对，这也是我以前疯狂喜欢他的原因，只要是他的歌，我几乎都听过。我还收藏了不少他的专辑，墙上也贴满了他的海报。

王乐乐： 看来我俩都喜欢经典歌曲。

安　娜： 那你有没有喜欢的中国歌星？

王乐乐： 我喜欢邓丽君的歌，她的歌比较甜美。

安　娜： 我小时候也听过很多她的歌。我爸爸是邓丽君的歌迷，据说我爸当初追求我妈，就是因为我妈的歌声很像邓丽君。

王乐乐： 想不到你的父母是因歌结缘呢，邓丽君还做了媒人。

课文2 Text 2

我曾经追过两位明星：李连杰和刘德华。作为一名华人影星，李连杰主演的功夫电影在全世界都非常有名。他出生在北京的一个普通家庭，从小别的孩子都喜欢画画什么的，而他一直钟爱武术。李连杰八岁就开始习武，打下了良好的武术基础，他苦练功夫，也因此多次在全国大赛中获得冠军。更可贵的是，为了使电影的武打效果更好，他很少使用替身，都是亲自表演，虽然他的作品很少有特技特效，但是大家看了以后都觉得十分过瘾，他被许多人称赞为“功夫皇帝”。尽管身上受了很多伤，李连杰仍然坚持拍电影，我特别佩服他的敬业精神和对中国武术的热爱。

刘德华也是一位极其敬业的明星，20 世纪 90 年代就被称为“香港四大天王”之一。他既是演员又是歌手，非常勤奋、认真，40 多年来一直兢兢业业，拍了很多电影，也唱了很多歌。截止到 2022 年，光他参与出演的电影就已经超过了 200 部。最令人感动的是，他还十分照顾跟自己合作的年轻演员，常常鼓励自己的歌迷和影迷要做一个有责任心的人。

我很喜欢他们。只要有他们的新电影或者新歌，我都会第一时间关注。我也把他们当做我的榜样，告诉自己，就算成功了也要不断努力，像他们一样成为更优秀的自己。

语言知识 Language guidelines

知识 1 Tip 1

“嗨”

“怎么这么嗨”

“嗨”，表示欢呼或喝彩的喊叫声，在这里的意思是高兴、兴奋。例如：

(1) 这里的游乐场太有意思了，大家玩得好嗨啊！

(2) 晚会开始了，大家一起嗨起来！

知识2 Tip 2

“想不到”

“想不到你的父母是因歌结缘呢，邓丽君还做了媒人。”

“想不到”，意思是没想到、没料到，发生或出现了意外的情况，惊讶中带着感慨。前边常用“真、根本、绝对”，有时也可用在句首。它的肯定式为“想到”。例如：

(1) 真想不到，他才20岁就得了癌症。

(2) 我根本想不到30年后还能再见到你。

(3) 这些问题你早就该想到了，现在哭有什么用呢？

有时也表示想不出来，或不会想做某事。例如：

(4) 我们想了半天，也想不到什么好办法。

(5) 如果不是看了那部电影，我绝对想不到要去广西旅行。

知识3 Tip 3

“作为”

“作为一名华人影星”

“作为”强调某人的某种身份或事物的某种性质，一定带名词宾语，没有否定式。一般情况下，“作为……”用于句首，后面的句子借用“作为”的宾语作主语，不重复。特指某种情况时，主语不能省略，在“作为……”前或者后都可以。如果主语与“作为”的宾语是同一事物，主语放在“作为”前后都可以；反之，主语不能放在“作为”前。例如：

(1) 作为年轻人，应当有自己努力的目标和方向。

(2) 你作为姐姐，应该好好爱护弟弟妹妹。

(3) 作为他的个人爱好，你不用去管。

知识4 Tip 4

“使”

“为了使电影的武打效果更好”

“使”，“让”“叫”的意思，含有某个原因致使某种结果的意思，一定带兼语。例如：

(1) 他的技术使我佩服。

(2) 这样才能使父母满意。

知识5 Tip 5

“亲自”

“他很少使用替身，都是亲自表演”

“亲自”，强调动作、行为由自己直接进行，这里的“自己”多用来表示某位重要人物自己，修饰动词。语素“亲”和“身、手、眼、口、耳”等组合构词，多与“用自己的”意义有关。“亲手”强调用自己的手（做）；“亲眼”强调用自己的眼睛（看）；“亲口”强调用自己的嘴巴（吃或说）；“亲耳”强调用自己的耳朵（听）；“亲身”强调自身的感受、自身的体验。例如：

（1）这是老板亲自下厨做的菜，咱们可得好好尝尝。

（2）这可是我亲眼看到的，你可得相信我。

（3）要不是他亲口说出来，我都不敢相信。

知识 6　Tip 6

“把……当做……”

“我也把他们当做我的榜样”

“把……当做……”，“当做”的意思是“作为”“看成是”。例如：

（1）我把这个班当做我在中国的家。

（2）他一直把我当做亲妹妹看待。

（3）面试的时候不要紧张，你就把前面的人当做石头。

练习　Exercises

1．**词语搭配**。Make phrases.

（1）钟爱　＿＿＿＿＿＿　＿＿＿＿＿＿

（2）充满　＿＿＿＿＿＿　＿＿＿＿＿＿

（3）迷恋　＿＿＿＿＿＿　＿＿＿＿＿＿

（4）苦练　＿＿＿＿＿＿　＿＿＿＿＿＿

（5）收藏　＿＿＿＿＿＿　＿＿＿＿＿＿

（6）受到 ____________ ____________

（7）热爱 ____________ ____________

（8）关注 ____________ ____________

（9）照顾 ____________ ____________

（10）亲自 ____________ ____________

2. 选词填空。Choose the right words to fill in the blanks.

榜样	合作	责任心	敬业	优秀
特效	不断	超级	表现	感动

（1）他得到今天的一切都是靠他（　　　　）的努力。

（2）这部电影用了不少（　　　　），场面十分宏大。

（3）每次看《泰坦尼克号》都让我特别（　　　　）。

（4）她年龄又大，身体又不舒服，可是坚持来上课，真是我们学习的（　　　　）。

（5）现在的公司都喜欢招聘一些有（　　　　）精神，而不是只喜欢一个人做事的职员。

（6）他发着39℃的高烧，还一定要把工作做完，非常（　　　　）。

（7）妈妈常说，嫁人一定要找一个有（　　　　）的男生，帅不帅不重要。

（8）我们家装了新空调，现在每次回家打开空调都觉得（　　　　）舒服。

（9）大家这次中文节目表演都（　　　　）得很好。

（10）奖学金一定要给成绩（　　　　），学习努力，热情帮助别人的同学。

3．词语辨析。Synonym differentiation.

（1）他不能喝咖啡，因为一喝咖啡晚上就（　　　　），不能睡觉。（兴奋　　激动）

（2）他的中文说得跟中国人一样，我真的很（　　　　）他。（称赞　　佩服）

（3）分手了，才发现我还是（　　　　）你的。（热爱　　爱）

（4）不知道他（　　　　）了什么刺激，回来以后每天在屋子里不出来。（受到　　得到）

4．完成句子。Complete the sentences with the given words or expressions.

（1）妈妈总是希望我＿＿＿＿＿＿＿＿，我非常不喜欢。（像……一样）

（2）他的眼睛＿＿＿＿＿＿＿＿，特别迷人。（像……一样）

（3）＿＿＿＿＿＿＿＿，他只玩游戏，不管孩子，太没有责任心了。（作为）

（4）＿＿＿＿＿＿＿＿，你一定要遵守中国的法律。（作为）

（5）今天天气不好，＿＿＿＿＿＿＿＿。（因此）

（6）A：你真的是外国人吗？怎么中文说得这么好？

B：＿＿＿＿＿＿＿＿。（确实）

（7）A：电影看完了，是不是演得不错？

B：＿＿＿＿＿＿＿＿。（确实）

（8）A：考完了吗？

B：＿＿＿＿＿＿＿＿。（总算）

（9）A：你们旅行回来了？

B：________________________________。（总算）

（10）A：你怎么不去参加晚会呢？

B：________________________________。（就算）

5. 改写句子。 Rewrite the sentences with the given words.

（1）你不是我的弟弟，但是我对你跟对弟弟一样。（把……当做）

____。

（2）我喜欢听音乐，因为听了音乐，我觉得非常开心。（使）

____。

（3）这次她一定要自己去，别人去她不放心。（亲自）

____。

（4）去年3月1日我来这里学习，到今天已经一年了。（截止）

____。

（5）听到他生病的消息，我感到很惊讶。（想不到）

____。

6. 阅读下文，判断正误。 Read the passage and determine if the statements are true or false.

粉丝（英文：fans），也叫追星族。意思是崇拜某个明星的一些人，他们大都是年轻人，喜欢流行的东西。“粉丝”是从英语单词 fans 的发音来的。fan 是“运动、电影等的爱好者”的意思。film fans 是影迷的意思。粉丝也可以理解为“××迷”或者“××追星族”。所以 fan 就是爱好者的意思，而 fans 是对明星的崇拜者。

因此，人们说的“NBA 粉丝”可以理解为“NBA 迷”，“相声粉丝”可以理解为“相声迷”，“成龙的粉丝”可以理解为“成龙的追星族”，“T－ara 的粉丝”可以理解为“T－ara 的追星族”。有时候，“粉丝”也会衍生出一些新词，如“纲丝”（相声演员郭德纲的粉丝），这是一种诙谐的说法。这种说法同时也是说偶像和别人不一样，很有意思。在微博、百度等多种网络空间里也会出现“粉丝”一词，这里的粉丝就是关注博主、空间主的人。在新浪微博中，“关注”是指您关注的人。您“关注”的人越多，那么您得到的信息越多，同时您的微博可能会被越多人看到。

（1）“粉丝”是英语“fans”的音译。（　　　）

（2）“粉丝”就是“运动、电影的爱好者”的意思。（　　　）

（3）“……粉丝”跟“……迷”意思差不多。（　　　）

（4）“纲丝”是一种诙谐的说法。（　　　）

（5）微博里的“粉丝”意思跟“成龙的粉丝”里的“粉丝”意思一样。（　　　）

7.“委婉的大明”。Conversation practice with “……**是**……，**不过**……”.

大明是一个留学生，他说话非常委婉，每次问他这个东西怎么样，他都要先说“……是……”，然后又说“不过……”。所以现在请大家来模仿“大明”和他的朋友对话，用“……是……，不过……”的句型。

8. 超级模仿秀。Super imitation show.

给大家模仿一个明星（电影明星、世界名人、体育明星都可），请大家来猜一猜你模仿的是谁，然后描述一下你模仿的这个明星有什么特点。

电影明星	体育明星	歌星

9. 写一写：我最喜欢的明星。Writing：My favorite star.

提示：“我”为什么会喜欢他，“我”最喜欢他的哪一个作品。

第七课　参加中国婚礼

Attend a Chinese wedding

课前热身 Warming up

你知道中国婚礼有哪些习俗吗？Do you know the customs of Chinese weddings？

生词 New words

1	婚礼	hūnlǐ	名	wedding
2	偷懒	tōulǎn	动	to loaf on the job；to be lazy
3	气氛	qìfēn	名	atmosphere；air
4	伴郎*	bànláng	名	groomsman

5	伴娘*	bànniáng	名	bridesmaid
6	仪式	yíshì	名	ceremony
7	深切*	shēnqiè	形	heartfelt；deep；profound
8	迎亲*	yíngqīn	动	to go to the bride's home to escort her back to the wedding
9	组成	zǔchéng	动	to form；to make up；to compose
10	团	tuán	名	group；body；society；organization
11	为难	wéinán	动	to make things difficult for
12	堵	dǔ	动	to block up
13	门缝*	mén fèng		a crack between a door
14	塞	sāi	动	to squeeze in
15	任务	rènwu	名	task
16	之	zhī	助	of
17	娶	qǔ	动	to marry
18	印象	yìnxiàng	名	impression
19	深刻	shēnkè	形	profound
20	情歌	qínggē	名	love song
21	递	dì	动	to hand over；to pass；to give
22	保鲜膜*	bǎoxiānmó	名	plastic wrap
23	木框	mù kuàng		wooden frame

24	撑	chēng	动	to fill to the point of bursting
25	破	pò	动	to be broken; to be damaged
26	唇印*	chún yìn		lip print
27	众多	zhòngduō	形	multitudinous; numerous
28	辨别	biànbié	动	to distinguish
29	仔细	zǐxì	形	careful
30	地毯	dìtǎn	名	carpet
31	衣橱	yī chú		wardrobe
32	鞋柜	xié guì		shoe cabinet
33	搜	sōu	动	to collect; to gather; to search
34	窗帘	chuānglián	名	curtain
35	放过	fàng guò		to let off; to let slip
36	提示	tíshì	动	to prompt; to hint
37	摄影师	shèyǐng shī		cameraman
38	心甘情愿	xīngān qíngyuàn		to be most willing to
39	后悔	hòuhuǐ	动	to regret; to remorse; to repent
40	珍惜	zhēnxī	动	to cherish
41	现代化	xiàndàihuà	动	to modernize
42	保留	bǎoliú	动	to continue to have; to persist; to retain
43	古代	gǔdài	名	ancient times

44	习俗	xísú	名	custom; convention; habitude
45	敬茶	jìng chá		to serve tea
46	花生*	huāshēng	名	peanut
47	明白	míngbai	动	to understand

课文 Text

课文1 Text 1

米亚： 上个星期五怎么没见你来上课呀？不是又偷懒了吧？

艾文： 哪儿呀，这次是我的一个中国朋友结婚，我请假去参加他的婚礼了。

米亚： 真的吗？听说中国婚礼气氛总是搞得热热闹闹的，好玩吗？

艾文： 真的很有意思，他还邀请我做伴郎。

米亚： 没想到中式婚礼跟西式婚礼一样，也有伴郎伴娘。

艾文： 是的，我的朋友告诉我，现代的中式婚礼有些仪式跟西式婚礼差不多。这次我深切地体会到当伴郎真不是件轻松的事儿。

米亚： 做伴郎不就只是陪陪新郎、帮帮忙、吃吃喝喝吗？有那么麻烦吗？

艾文： 婚礼还好，麻烦的是去新娘家迎亲。由我们六个伴郎组成的兄弟团，还没进门就一直被伴娘们为难。她们先是堵在门口，不让我们进去，还要我们不停地往门缝里塞红包。好不容易进了门，我们还得按照要求完成各种各样的任务，让人哭笑不得，真的是费了九牛二虎之力才接到新娘。

米亚：哈哈哈，娶老婆可不是件容易的事儿。对了，你给他们送了什么结婚礼物？

艾文：我送了红包。在中国不太流行送结婚礼物，不管家里有什么喜事，他们都喜欢送红包。

米亚：看来我结婚的时候，得多邀请几个中国朋友！

课文 2 Text 2

这次当伴郎，让我印象最深刻的就是接新娘的堵门游戏了。新郎想要接到新娘，必须和他的兄弟团完成伴娘们给的任务。比如站在门口大声唱情歌；用十种不同的语言对新娘说“我爱你”；把新娘的照片放在地上，新郎做俯卧撑，做一个亲一下；伴娘递上用保鲜膜包裹好的木框，伴郎们要用脸撑破上面的保鲜膜才算成功；在唇印卡上众多的唇印里辨别哪一个是新娘的，猜错了就要给红包……最难的就是找新娘的婚鞋，只有让新娘穿上了婚鞋，新郎才能把新娘抱走。我们几个人仔细找了半天，从地毯、桌子到衣橱、鞋柜，里里外外搜了好几遍，甚至连窗帘和垃圾桶都没放过，还是没找到。新郎塞了很多红包给伴娘，才得到一点儿提示，终于在摄影师的大相机包里找到了。我觉得很奇怪，两个人商量好了结婚，新娘不是应该心甘情愿地快点儿跟新郎走吗，为什么接新娘却这么难？难道她后悔了吗？后来，伴娘们告诉我，这是为了让新郎永远记住，娶个老婆不容易，所以一定要好好珍惜自己的老婆。这么一说，好像也挺有道理。

尽管中式婚礼越来越现代化，但也还保留着许多古代的习俗，比如给父母敬茶、穿红色的衣服、在新床上放很多花生和红枣，等等，虽然我不太明白为什么要这样，不过觉得很特别，很有意思。听中国朋友说，中国的传统婚礼讲究的东西更多，有很多规矩，希望以后有机会能进一步了解。

语言知识 Language guidelines

知识1 Tip 1 教学视频

“哪儿呀”

“哪儿呀，这次是我的一个中国朋友结婚，我请假去参加他的婚礼了。”

“哪儿呀”，用在答话里，表示否定，有时也表示一种客气的说法。例如：

（1）A：你昨晚是不是又熬夜看球赛？

B：哪儿呀，后天有考试，我可是认认真真复习了一个晚上。

（2）A：这次又麻烦您了！

B：哪儿呀，这都是我应该做的。

知识2 Tip 2

“……式”

“没想到中式婚礼跟西式婚礼一样，也有伴郎伴娘。”

“式”的前面可以是名词或者形容词，表示带有这种风格的。例如：

新式　旧式　老式　中式　西式　美式　韩式

知识3 Tip 3

“九牛二虎之力”

“真的是费了九牛二虎之力才接到新娘”

“九牛二虎之力”，意为九头牛的力气加上两只老虎的力气，比喻非常大的力气。例如：

（1）我用了九牛二虎之力才把房间打扫干净。

（2）为什么我花了九牛二虎之力还是学不好中文呢？

知识4 Tip 4

“里里外外”

“里里外外搜了好几遍，甚至连窗帘和垃圾桶都没放过”

“里里外外”，趋向动词重叠，意思是里面和外面，表示范围。此外，还有“上上下下”“左左右右”“前前后后”等，表示空间或时间。例如：

（1）回到家，她里里外外又找了两遍，还是没找到钥匙。

（2）他把那间屋子上上下下、里里外外都打扫了一遍，才去机场接朋友。

（3）这件事我前前后后说了三遍了，你怎么就是听不进去啊。

练习 Exercises

1. **看图写词**。Write words according to the pictures.

 (1)（ ）	 (2)（ ）
 (3)（ ）	 (4)（ ）
 (5)（ ）	 (6)（ ）

 (7)（　　　　　）	 (8)（　　　　　）

你还知道什么关于中国婚礼的词语？

____

2. **词语搭配**。Make phrases.

(1) 堵________　(2) 停________　(3) 塞________

(4) 娶________　(5) 递________　(6) 撑________

(7) 费________　(8) 抱________　(9) 邀请________

(10) 保留______　(11) 讲究______　(12) 珍惜______

3. **选择表格中的词语改写下列句子，保持句子的原有意思不改变**。Rewrite the sentences with the expressions from the table while maintaining their original meanings.

哭笑不得	流行	看来	仔细	堵车
广式	不管	心甘情愿	讲究	必不可少

（1）想要成功，一定要努力才行。

（2）最近又有很多人开始穿喇叭裤了。

（3）广州那边的月饼和北方的不太一样，有豆沙和莲蓉蛋黄的。

（4）母亲是自己愿意为孩子付出的。

（5）早上 9 点的时候，这附近的车多得开不动。

（6）看到他脸脏成这样，我不知道是哭好还是笑好。

（7）天突然变黑了，很可能要下雨了。

（8）这次考试对我来说很重要，我一定要一遍又一遍检查答案。

（9）他很看重吃这件事情。

（10）你们说什么都没用，我已经下决心了。

4. 词语消消乐：从下面的表格中找出词语组成短语并造句。 Word game: Make phrases with the words from the table and make sentences.

了解	费	印象	按照
有	~~举行~~	时间	力气
要求	任务	情况	道理
珍惜	~~仪式~~	完成	深刻

例：举行仪式：他们在这里举行了活动开幕仪式。

(1) ________：______________________________

(2) ________：______________________________

(3) ________：______________________________

(4) ________：______________________________

(5) ________：______________________________

(6) ________：______________________________

(7) ________：______________________________

5. 根据课文内容，完成以下短文，并用自己的话复述一遍。 Fill in the blanks according to the text and repeat the passage in your own words.

这个周末，我去（　　　）了朋友的婚礼，还做了他的（　　　）。让我（　　　）最深刻的是接新娘的堵门游戏。我们（　　　）了很大的力气才接到新娘。因为新郎和伴郎们必须（　　　）伴娘们给的（　　　）。比如：站在门口大声唱情歌；用十种不同的语言对新娘说“我爱你”；新郎一边（　　　　）俯卧撑，一边（　　　　）新娘的照片。除此之外，我们还要不断往门缝里塞(　　　　）。最难的是找新娘的（　　　　），我们（　　　　）找了很久，终于在（　　　　）的大相机包里找到了。中国朋友告诉我，接新娘这么难，（　　　　）让新郎记住，要好好（　　　　）自己的老婆，我觉得挺有（　　　　）的。而且听说中国的传统婚礼(　　　　）的东西很多，有很多（　　　　），希望我能有机会（　　　　）。

6. **寻找新娘**。Looking for the bride.

全班分为新娘组（只有一位真正的新娘）和新郎组，教师按照新娘组人数准备任务小纸条（其中一张小纸条写上“新娘”，不写任务，其他纸条上设计的任务可以是接亲堵门的小游戏，也可以是与课文相关的中文知识任务，例如猜词、造句等）。新娘组的成员自己分配小纸条在一旁待命，新郎组的成员必须在规定时间内（比如 10 分钟）找到那位真正的新娘，新郎组一次只能选新娘组中某一个人，如果选中的那个不是拿着“新娘”纸条的成员，则必须完成他/她手中的任务，完成该任务后才能进行下一次选择。新郎组如果在规定时间内找出真正的新娘，则作战成功，喜得“美娘子”，如果没找出来，则作战失败，由新娘组指定惩罚形式。

7．写一写。Writing.

看中国电影《新娘大作战》的婚礼迎亲部分（电影1小时06分到1小时11分），写一篇小作文描述电影里这一部分的场景。

8．街头采访。Street interview.

小组视频作业，去街头采访至少3个中国人，调查他们对中国传统婚礼的了解，也可以跟中国人聊聊对外国婚礼习俗的了解。

你可能会问：

（1）你对现在中国婚礼的习俗了解吗？有哪些习俗？

（2）你听说过什么好玩的接亲堵门游戏？

（3）你觉得中国婚礼习俗好的是什么？不好的是什么？

（4）你对别的国家的婚礼习俗还有什么了解吗？

（5）……

9. 来自同一国家的同学为一组，准备好 PPT，介绍你们国家举办婚礼的风俗和过程。 Team up with your compatriots to introduce the customs and process of wedding in your country with Power Point.

第八课　中国那么大，请你看一看

China is so big, please come and have a look

课前热身 Warming up

你去过中国哪些有名的地方？你最喜欢哪个地方的景色？What famous places have you been to in China? Which place do you like best?

生词 New words

1	自然	zìrán	名	natural
2	风光	fēngguāng	名	scenery
3	纠结	jiūjié	形	tangled; struggled
4	毕竟	bìjìng	副	after all; all in all
5	闻名遐迩	wénmíng xiá'ěr		famous

6	秀丽	xiùlì	形	beautiful
7	海滨	hǎibīn	名	seaside
8	园林	yuánlín	名	garden
9	桥	qiáo	名	bridge
10	流	liú	动	to flow
11	少数	shǎoshù	名	minority
12	民族	mínzú	名	nation
13	风情	fēngqíng	名	style
14	踏青	tàqīng	动	to have an outing in spring
15	风筝*	fēngzheng	名	kite
16	油菜花*	yóucài huā		rape flower
17	沿海	yánhǎi	名	along the coast; coastal; littoral; inshore
18	度假	dùjià	动	to spend one's holidays; to go on vacation
19	吹	chuī	动	to blow; to puff
20	山林	shānlín	名	mountain forest
21	高原	gāoyuán	名	plateau
22	避暑	bìshǔ	动	to spend a holiday at a summer resort
23	冰雕	bīngdiāo	名	ice sculpture
24	热门	rèmén	名	hot; popular
25	综合征*	zōnghézhēng	名	syndrome
26	犯	fàn	动	to have an attack of one's old illness

27	火	huǒ	形	famous
28	意外	yìwài	名	accident
29	陌生	mòshēng	形	strange
30	古老	gǔlǎo	形	ancient；antique；age-old
31	喇嘛*	lǎma	名	Lama
32	寺*	sì	名	temple
33	天空	tiānkōng	名	sky
34	草甸*	cǎodiàn	名	meadow
35	成群*	chéngqún	动	in group
36	偏僻	piānpì	形	remote
37	时髦	shímáo	形	fashionable
38	浴缸*	yùgāng	名	bathtub
39	水疗*	shuǐliáo	动	spa
40	装饰	zhuāngshì	动	to decorate；to ornament
41	建筑	jiànzhù	名	building
42	弹	tán	动	to play musical instrument
43	信仰	xìnyǎng	名	faith
44	和平	hépíng	名	peace
45	友爱	yǒu'ài	形	friendly affection；fraternal love
46	一旦	yídàn	副	once
47	消失	xiāoshī	动	to disappear；to vanish；to dissolve
48	地平线*	dìpíngxiàn	名	horizon
49	人间	rénjiān	名	the world

50	天堂	tiāntáng	名	heaven
51	发表	fābiǎo	动	to publish
52	畅销	chàngxiāo	动	best seller
53	广为人知	guǎng wéi rén zhī		to be widely known
54	象征*	xiàngzhēng	名	symbol; emblem; token
55	探险*	tànxiǎn	动	to explore; to make explorations
56	梦想	mèngxiǎng	动	to dream of
57	存在*	cúnzài	动	to exist; to be
58	描写	miáoxiě	动	to describe; to depict; to portray; to represent
59	考察*	kǎochá	动	to inspect; to investigate
60	尽头	jìntóu	名	end

专名 Proper nouns

1	黄山	Huáng Shān	名	Mount Huang (in Anhui Province, China)
2	青岛	Qīngdǎo	名	Qingdao (a city name)
3	厦门	Xiàmén	名	Xiamen (a city name)
4	三亚	Sānyà	名	Sanya (a city name)
5	苏州	Sūzhōu	名	Suzhou (a city name)
6	杭州	Hángzhōu	名	Hangzhou (a city name)
7	新疆	Xīnjiāng	名	Xinjiang (Xinjiang Uygur Autonomous Region)

8	西藏	Xīzàng	名	Xizang（Xizang Autonomous Region）
9	内蒙古	Nèiměnggǔ	名	Inner Mongolia（Inner Mongolia Autonomous Region）
10	西安	Xī'ān	名	Xi'an（a city name）
11	南京	Nánjīng	名	Nanjing（a city name）
12	潍坊	Wéifāng	名	Weifang（a city name）
13	婺源	Wùyuán	名	Wuyuan（a city name）
14	云南	Yúnnán	名	Yunnan（a province name）
15	香格里拉	Xiānggélǐlā	名	Shangri-La（a city name）
16	伊甸园	Yīdiànyuán	名	the Garden of Eden
17	迪庆藏族自治州	Díqìng zàngzú zìzhìzhōu	名	Diqing Xizang Autonomous Prefecture（a city name）

课文 Text

课文1 Text 1

在中国，各地都有自己不同的自然风光和人文特色，因此每次一放假我都会纠结：到底该去哪儿旅行好呢？毕竟这儿可以去的地方太多了！

想看山的话，有闻名遐迩的“五岳”，还有景色秀丽的黄山；想看海的话，有海滨城市青岛、厦门、三亚；想看园林，感受小桥流水，可以去苏州、杭州；想体验少数民族不一样的风情，可以去新疆、西藏、内蒙古；如果你对历史感兴趣的话，还可以去北京、西安、南京……

除此以外，不一样的季节也有不一样的风景。春天，可以去“风筝之都”潍坊踏青、放风筝，也可以去婺源看美丽的油菜花海；夏天，可以去沿海城市度假，吹吹海风，也可以去东北、云南一带的山林高原避暑；秋天，树叶都红了，爬山看红叶最好不过；到了冬天，去北方滑雪滑冰、看冰雕展览就成了旅游的热门。

在我看来，中国实在太大了，每次旅行就像出了一次国一样，总会有各种新发现。不过，现在我的选择综合征又犯了，你们说说：我到底该去哪儿？

课文 2 Text 2

香格里拉

提到香格里拉，很多朋友都会想到云南，想到豪华酒店，其实早在 20 世纪 30 年代，“香格里拉”这个名字就已经在全世界流行，为什么会这么火呢？这要从一部小说谈起。

第一次世界大战结束以后，四个西方人因为一次意外，来到了一个陌生的地方。一位会说标准英语的中国人救了他们，并带他们住在一座古老的喇嘛寺里。这个地方的景色非常美丽，有蓝蓝的天空、绿绿的草甸、成群的牛羊，周围有高大的雪山。喇嘛寺虽然偏僻，却有当时最时髦的东西——可以在浴缸里享受水疗按摩；可以看到漂亮的欧洲艺术装饰和中国建筑；还有图书馆和音乐室。一位叫洛桑的漂亮姑娘每天弹着动听的音乐，有一些音乐家的作品连他们也没听过。生活在这里的人信仰各不相同，但是和平友爱。通过锻炼，人们的寿命可以延长10年甚至100年，但是却不能离开，因为一旦离开这里，他们会马上变老。

这就是小说《消失的地平线》里介绍的"人间天堂"，人们心里的"伊甸园"——香格里拉。1933年小说一发表，就成为畅销书，后来美国的一家电影公司又把它拍成电影，"香格里拉"这个词变得广为人知，甚至成为五星级酒店的品牌象征。许多旅行家、探险家都梦想着能找到这个地方。

那么，香格里拉到底在哪里？"三江并流"、红土高原、喇嘛寺群、雪山真的都存在吗？

直到1996年，根据小说中的描写，云南市政府经过一年的考察，终于找到了这个地方——迪庆藏族自治州的中甸县境内，位于云南省的西北部，这里古代就被叫作"日月城"，而"香格里拉"在藏语中的意思就是"心中的日月"，而且这里有着独特的红土高原和"三江并流"。

现在，香格里拉已经变成了旅游胜地，每年都有许多来自世界各地的游客去那儿旅行，一起感受"地平线尽头"的美景。

语言知识 Language guidelines

知识1 Tip 1

教学视频

"毕竟"

"毕竟这儿可以去的地方太多了！"

"毕竟"，副词，表示不管怎么说，还是不能不承认后面的情况，用来强调原因或者说明最后得出的结论、结果。可以用在主语前，也可用在主语后。例如：

（1）别生他的气了，毕竟他还是个孩子，不懂事。

（2）大卫毕竟是个外国人，中文说不好是正常的。

（3）不要说他了，毕竟他才刚开始工作，没什么经验。

知识❷ Tip 2

“……之都”

“春天，可以去‘风筝之都’潍坊踏青、放风筝”

“……之都”，“都”读“dū”，在这里的意思是以盛产某种东西而闻名的城市，如“风筝之都”的意思是因为风筝而闻名的城市。例如：

（1）几乎所有爱好音乐的人都想去“音乐之都”维也纳走走看看。

（2）景德镇是中国有名的“瓷器之都”。

知识❸ Tip 3

“最好不过”

“秋天，树叶都红了，爬山看红叶最好不过”

“最好不过”，意思是最理想、最好的选择。例如：

（1）这件事妈妈做最好不过。

（2）这个季节吃西瓜最好不过。

知识❹ Tip 4

"提到"

"提到香格里拉，很多朋友都会想到云南"

"提到"，意思是"谈到、说起、提起"，常用于句首，引起所说话题。例如：

（1）提到北京，人们就会想起长城、故宫，想起好吃的北京烤鸭。

（2）只要一提到他，大家都会连连称赞："这孩子真是太优秀了。"

知识❺ Tip 5

"从……谈起"

"这要从一部小说谈起。"

"从……谈起"，意思是"从……开始说"，也可以说"从……说起"，常用于故事的开始。例如：

（1）我之所以选择做老师，要从一件小事谈起。

（2）关于我去美国留学的那件事要从九年前说起。

知识❻ Tip 6

"一旦"

"因为一旦离开这里，他们会马上变老"

"一旦"，多用于新情况的出现或假设有一天发生新的情况，并指出这种情况下应该怎么做或者会出现什么结果。用在动词前，作状语。

后面用“就”相呼应。例如：

（1）你在这里看着他们，一旦他们打架，就立刻打电话给我。

（2）过马路要小心，一旦被车撞了，那就麻烦了。

（3）商场没有人，一旦丢了东西，谁负责呢？

知识7 Tip 7

“三江并流”

“‘三江并流’、红土高原、喇嘛寺群、雪山真的都存在吗？”

“三江并流”是指金沙江、澜沧江和怒江这三条发源于青藏高原的大江，在云南省境内自北向南并行奔流170多千米。

知识8 Tip 8

“根据”

“根据小说中的描写”

“根据”，表示以某种事物或动作为前提或基础。其后可用动词、名词。“根据”后面的动词用如名词，不能带宾语；前面如有表示施事的名词，中间常常加“的”。例如：

（1）不同的事情要根据不同的情况进行处理。

（2）根据我们对他的了解，这件事一定不是他做的。

◆比较：“根据”和“据”

“据”可以跟单音节名词组合，“根据”不能。例如：

据实报告　根据事实报告

“据”可以跟“说、报、闻、传”等组合，“根据”不能。例如：

（1）据说以前这里有五个村子。（√）

（2）根据说以前这里有五个村子。（×）

“据”常跟“某人说”“某人看来”之类的小句组合，用“根据”时，通常要把这种小句改成名词性短语。例如：

（3）据我看来，这件事并不容易。

（4）根据我的看法，这件事并不容易。

练习 Exercises

1. 词语搭配。Make phrases.

（1）自然________	（2）________遐迩	（3）景色________
（4）小桥________	（5）滑________	（6）体验________
（7）展览________	（8）吹________	（9）避________
（10）爬________	（11）弹________	（12）发表________
（13）考察________	（14）按摩________	（15）享受________

2. 选词填空。 Choose the right words to fill in the blanks.

特色　体验　风筝　踏青　度假　带　高原　避暑　热门　发现

（1）快尝尝，这是广州有名的＿＿＿＿＿菜。

（2）这一＿＿＿＿＿山路比较多，你们开车的时候小心点儿。

（3）桂林一直是旅行的＿＿＿＿＿城市。

（4）最近，科学家在动物身上又有了一个新＿＿＿＿＿。

（5）天气真热，真想找一个凉快的地方＿＿＿＿＿。

（6）下个月就要放寒假了，咱们去哪儿＿＿＿＿＿呢？

（7）大卫来中国工作的原因是想＿＿＿＿＿一下不一样的生活。

（8）春天可以陪家人一起去郊外＿＿＿＿＿，欣赏美丽的风景。

（9）青藏高原是世界上海拔最高的＿＿＿＿＿。

（10）放＿＿＿＿＿比赛是每个春天潍坊一定要举办的活动。

3. 用括号里的词语回答问题。 Answer the questions with the given words.

（1）这个问题你能回答吗？

＿＿＿＿＿＿＿＿＿＿＿＿＿＿＿＿＿＿＿＿＿＿＿＿（实在）

（2）多吃一点儿，看，你太瘦了！

＿＿＿＿＿＿＿＿＿＿＿＿＿＿＿＿＿＿＿＿＿＿＿＿（实在）

（3）今天他怎么这么困？上课都要睡着了。

＿＿＿＿＿＿＿＿＿＿＿＿＿＿＿＿＿＿＿＿＿＿＿＿（毕竟）

（4）他怎么这么早就起床了？

＿＿＿＿＿＿＿＿＿＿＿＿＿＿＿＿＿＿＿＿＿＿＿＿（毕竟）

（5）几月去云南香格里拉比较好？

____（最好不过）

（6）小孩子什么时候学外语最好？

____（最好不过）

4. 改写句子。Rewrite the sentences with the given words.

（1）我喜欢唱歌、跳舞，也喜欢画画儿。

____（除此以外）

（2）我们公司的产品不仅出口英国、美国，还出口澳大利亚。

____（除此以外）

（3）大卫认识的汉字不多，"小"这么容易他也不认识。

____（连……也……）

（4）他去过很多地方，南极也去过。

____（连……也……）

（5）如果你有什么不舒服，就立刻告诉医生。

____（一旦……就……）

（6）如果你遇到紧急情况，你就打电话给这个警察。

____（一旦……就……）

5. 完成句子。Complete the sentences with the given words.

（1）______________________，他是不会做这样的事的。（根据）

（2）穿衣服不能乱穿，____________________________。（根据）

（3）那个秘密你__________________________________？（到底）

（4）上次你说学习一年，这次又说两年，______________？（到底）

（5）______________________________，没有人不认识。（提到）

（6）＿＿＿＿＿＿＿＿＿＿＿＿＿＿＿＿＿，没有人不喜欢。(提到)

6．我是导游。 I am a tour guide.

如果你是导游，请选择你本次旅行团的旅行对象（老人、年轻人、小学生），并根据对象选择游览时间，制定旅游路线，并说明推荐理由。

	旅游对象（老人、年轻人、小学生）	旅游路线	推荐理由
一日游			
两日游			
三日游			
五日游			

7．根据上下文意思填空。 Fill in the blanks according to the context.

大　卫：假期又＿＿＿＿＿去哪里玩儿？

王乐乐：我这次打算去云南大理，听说那儿＿＿＿＿＿非常美，很早就想去看看了。那儿还有个玉龙雪山，很适合徒步。

大　卫：没想到南方也有雪山，我＿＿＿＿＿呢！我的家乡没有雪。真羡慕你，去了中国那么多地方！对了，你有什么好地方可以推荐给我吗？

王乐乐：这可太多了！想看山的话，有＿＿＿＿＿＿＿＿＿＿；想看海的话，有＿＿＿＿＿＿＿＿＿＿；想看园林，可以去＿＿＿＿＿＿＿＿＿＿；想＿＿＿＿＿＿＿＿＿＿，可以去新疆、西藏、内蒙古；如果__________________的话，可以去北京、西安、南京……

大　卫：哎呀，中国__________是太大了，我就想去个时间不需要太长，风景又好，又便宜的地方。

王乐乐：桂林不错啊，“桂林山水甲天下”，可以坐竹筏慢慢欣赏。从这儿坐__________三个小时就能到。

大　卫：有高铁真方便！好！就去那儿！

8. **阅读下文，回答问题**。Read the dialogue and answer the questions.

安娜：阿里，你回来了？在云南玩儿得怎么样？

阿里：特别尽兴。昆明果然是名副其实的春城，广州这么热，那边也才25度左右。

安娜：怪不得老师说那儿“四季如春”。那别的地方呢？

阿里：我们去了昆明，又沿路去了大理、丽江和香格里拉。那里有很多少数民族，他们有不少独特的风俗习惯。

艾文：真的吗？我对中国的少数民族特别感兴趣。

阿里：那你该去云南看看，那儿有20多个少数民族呢，是中国少数民族最多的地方。

安娜：桂林也很有意思，多谢你的推荐，让我体会了一把“船在画中游”的感觉。对了，艾文，你去哪儿了？

艾文：我先坐飞机去了成都，然后又坐火车去了西藏，光火车就坐了十几个小时。中国实在太大了！

米亚：西藏好玩儿吗？

艾文：好玩儿，那里是高原，生活习惯、宗教信仰、自然风景都跟别的地方不一样，我拍了很多照片，给你们看看。

米亚：真羡慕你们，看了那么多风景。假期，我爸爸来中国做生意，我跟他去了北京和上海。

安娜：北京和上海怎么样？

米亚：北京有很多名胜古迹，上海非常国际化，那儿的小笼包太好吃了，我都不想回来了。

阿里：哈哈，想去的地方太多，但是时间和钱太少，咱们还是先努力学习，以后一起去周游中国！

（1）阿里在云南玩儿得怎么样？（　　）

A. 很冷，不好玩儿　　B. 玩儿得非常好

C. 还可以

（2）中国哪个地方的少数民族最多？（　　）

A. 西藏　　B. 云南

C. 香格里拉　　D. 北京

（3）去桂林旅行，要玩儿什么比较有意思？（　　）

A. 飞机　　B. 爬山

C. 游泳　　D. 坐船

（4）下面哪一个不是西藏和别的地方不一样的地方？（　　）

A. 生活习惯　　B. 自然风景

C. 少数民族　　D. 宗教信仰

（5）要参观博物馆，去哪个地方最好？（　　）

A. 北京　　B. 上海

C. 云南　　D. 西藏

9．仿照例句，介绍一下你们国家的旅游景点或者你去过的旅游景点。Follow the examples and introduce the tourist attractions of your country or the tourist attractions you have visited.

（1）想看山的话，有闻名遐迩的“五岳”，还有景色秀丽的黄山；想看海的话，有海滨城市青岛、厦门、三亚；想看园林，感受小桥流水，可以去苏州、杭州；想体验少数民族不一样的风情，可以去新疆、西藏、内蒙古；如果你对历史感兴趣的话，还可以去北京、西安、南京……

A：想……的话，……；想……的话，……；想……的话，……

（2）这个地方的景色非常美丽，有蓝蓝的天空、绿绿的草甸、成群的牛羊，周围有高大的雪山。喇嘛寺虽然偏僻，却有当时最时髦的东西——可以在浴缸里享受水疗按摩；可以看到漂亮的欧洲艺术装饰和中国建筑；还有图书馆和音乐室。

B：这个地方的景色非常美丽，有……，有……，有……

10．练一练。Practice.

（1）如果你有一个月的假期，你打算怎么安排呢？请你来说一说。

（2）用课文中的一些生词和知识，介绍一个你们国家的旅游景点。

第九课　姓氏文化

Surname culture

课前热身 Warming up

你知道中国哪些姓氏？你的姓是怎么来的？How many Chinese family names do you know? What is the origin of your family name?

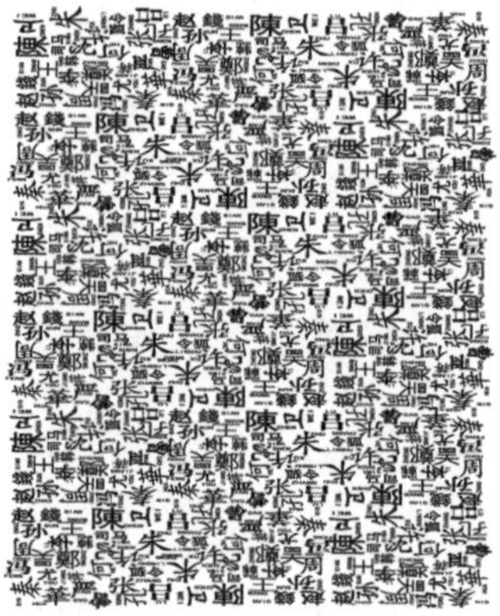

生词 New words

1	姓氏*	xìngshì	名	surname; family name
2	各个*	gègè	代	each; every
3	千差万别	qiān chā wàn bié		to differ in thousands of ways

4	总共	zǒnggòng	副	in all; altogether
5	单姓*	dānxìng	名	single surname
6	复姓*	fùxìng	名	compound surname
7	排名	páimíng	动	to rank
8	亿	yì	数	a hundred million
9	占	zhàn	动	to hold; to make up; to account for
10	三分之一	sān fēn zhī yī		one-third
11	出嫁	chūjià	动	to marry
12	特点	tèdiǎn	名	characteristic; distinguishing feature
13	山脚	shānjiǎo	名	the foot of a hill
14	水田*	shuǐtián	名	paddy field
15	结尾	jiéwěi	名	ending
16	由	yóu	介	by
17	绰号	chuòhào	名	nickname
18	演变	yǎnbiàn	动	to evolve
19	大炮*	dàpào	名	cannon
20	教堂	jiàotáng	名	church
21	动物	dòngwù	名	animal
22	名称	míngchēng	名	name
23	前	qián	名	former; formerly
24	总理*	zǒnglǐ	名	premier
25	熊	xióng	名	bear
26	祖父	zǔfù	名	grandfather

27	称号	chēnghào	名	name; title
28	亲王*	qīnwáng	名	prince
29	酋长*	qiúzhǎng	名	chief of a tribe
30	含义	hányì	名	meaning; implication
31	创始人	chuàngshǐ rén		founder; originator
32	礼拜	lǐbài	动	to pray
33	排列	páiliè	动	to rank; to arrange
34	次序	cìxù	名	order
35	婴儿	yīng'ér	名	infant
36	受	shòu	动	to accept; to receive
37	洗礼	xǐlǐ	名	ablution; baptism
38	教士*	jiàoshì	名	priest
39	职业	zhíyè	名	occupation; job
40	源于	yuán yú		to originate from; to stem from
41	木匠*	mùjiàng	名	carpenter
42	盖	gài	动	to build
43	屋顶	wūdǐng	名	roof
44	裁缝*	cáifeng	名	dressmaker; tailor
45	铁匠*	tiějiàng	名	ironsmith
46	师傅	shīfu	名	master worker
47	居住地	jūzhù dì		place of a residence
48	特征	tèzhēng	名	feature; characteristic

专名 Proper nouns

1	刘	Liú	名	Liu
2	陈	Chén	名	Chen
3	杨	Yáng	名	Yang
4	赵	Zhào	名	Zhao
5	周	Zhōu	名	Zhou
6	吴	Wú	名	Wu
7	普希金	Pǔxījīn	名	Pushkin
8	托尔斯泰	Tuō'ěrsītài	名	Tolstoy
9	托洛茨基	Tuōluòcíjī	名	Trotsky
10	乌特金	Wūtèjīn	名	Utkin
11	科罗温	Kēluówēn	名	Korovin
12	梅德韦杰夫	Méidéwéijiéfū	名	Medvedev
13	埃米尔	Āimǐ'ěr	名	Amir/Emir
14	赛义德	Sàiyìdé	名	Sayed
15	穆罕默德	Mùhǎnmòdé	名	Muhammad
16	伊斯兰教	Yīsīlánjiào	名	Islam
17	哈桑	Hāsāng	名	Hassan
18	阿布德	Ābùdé	名	Abdud
19	卡彭特	Kǎpéngtè	名	Carpenter
20	撒切尔	Sǎqiè'ěr	名	Thatcher
21	泰勒	Tàilè	名	Taylor
22	史密斯	Shǐmìsī	名	Smith
23	贝克	Bèikè	名	Baker

24	约克	Yuēkè	名	York
25	肯特	Kěntè	名	Kent

课文 Text

谈起世界各个地方人的姓氏，那还真是千差万别，各有特色。

先说说中国人的姓。中国人的姓在前，名在后，总共分为两种，仅有一个汉字的姓叫单姓，两个汉字或以上的称为复姓。总的来说，单姓比较多，复姓比较少。现在的姓氏排名前十的有王、李、张、刘、陈、杨、黄、赵、吴、周。前五名的姓氏人口总数 4 亿多，约占总人口的三分之一。在古代，女人结婚后要改成丈夫的姓，或者在自己的姓前加上丈夫的姓。现在，很少人这样做了。

日本人的姓一般是两个字，少数也有三四个汉字的。日本女子出嫁后要随夫姓。以地名为姓，是日本姓氏文化的一大特点。例如：有的人住在山脚下，就以“山下”或“山本”为姓；有的人住在水田边，就姓“田边”。还有许多姓是以“村”字结尾的，如：西村、木村等。

俄罗斯人的姓名一般由三部分组成。第一部分为本人名字，中间为父亲名字，最后为姓氏。女人结婚后会改为丈夫姓氏。俄罗斯的姓氏有的由绰号演变而成，比如，普希金（大炮）、托尔斯泰（肥胖），有的用附近教堂的名字作姓，如托洛茨基（三圣教堂）。有的人根据动物的名称来给自己取姓，如乌特金（鸭子）、科罗温（奶牛），前总理梅德韦杰夫的姓在俄语里是“熊”的意思。

阿拉伯人的姓常常由三部分或者四部分组成。第一部分是本人名字，第二部分为父亲名，第三部分为祖父名，第四部分为姓。名字前面常带有一些称号，如：埃米尔（Amir 或 Emir）是王子、亲王、酋长的意思；赛义德（Sayed）是先生、老爷的意思。阿拉伯的姓，常常有一定的含义。如：穆罕默德（Mohammad）是借用伊斯兰教创始人的名字，哈桑（Hassan）是好、美丽的意思，阿布德（Abdud）是礼拜者的意思。

英美人的姓名排列次序以名在前，姓在后。通常在婴儿受洗礼时，由教士或父母起名字，作为教名，排列在姓名的最前面。此外，长辈或本人也可以起第二个名字，排在教名之后。有的以职业名称为姓。例如：卡彭特（Carpenter）源于木匠，撒切尔（Thatcher）是盖屋顶的人，泰勒（Taylor）是裁缝，史密斯（Smith）是铁匠，贝克（Baker）是面包师傅。也有以居住地为姓的，比如约克（York）是英国北部，肯特（Kent）是英格兰东南部。也有以自己的特征为姓的，比如 Long 的意思是高大、Wise 的意思是聪明……

你们国家的姓氏又有什么特点呢？

（相关数据引自中华人民共和国公安部网《二〇二〇全国姓名报告》）

语言知识 Language guidelines

知识1 Tip 1

“总共”

“中国人的姓在前，名在后，总共分为两种”

“总共”表示数量的总和。后边一定要有数量词语。例如：

（1）我们学校总共有 2000 多人。

（2）你在广州总共有多少年了？

知识2 Tip 2

“总的来说”

“总的来说，单姓比较多，复姓比较少。”

“总的来说”，表示概括性的结论，总结上文。例如：

（1）总的来说，这个月收入比支出多一点儿。

（2）总的来说，这里的气候热的时候比冷的时候多。

知识3 Tip 3

“以……为……”

“以地名为姓，是日本姓氏文化的一大特点。”

“以……为……”，“以”意思是“用、拿”。“以……为……”，等于“把……作为……”或是“认为……是……”。例如：

（1）这次活动以初级班为主。

（2）这些小说以描写校园生活的作品为多。

知识4 Tip 4

“由……组成”

“俄罗斯人的姓名一般由三部分组成。”

“由……组成”表示来源，“由”表示凭借。例如：

（1）学校由老师和学生组成。

（2）中国的国旗由红、黄两种颜色组成。

知识5 Tip 5

"前"

"前总理梅德韦杰夫的姓在俄语里是'熊'的意思"

"前"，用在一些表示名称和机构的名词前，意思是"以前的"。例如：

(1) 现在的校长姓张，前校长姓李。

(2) 她是我的前女友。

知识6 Tip 6

"通常"

"通常在婴儿受洗礼时，由教士或父母起名字"

"通常"意思是一般、平常。多指有规律性的动作行为。例如：

(1) 我的早餐通常都是一碗粥、一个鸡蛋，再加两个包子。

(2) 男孩子通常都比女孩子力气大。

◆比较："通常"和"常常"

比起"通常"，"常常"多指在不长的时间内不止一次出现某种动作行为。例如：

(3) 他工作认真，常常受到表扬。(√)

(4) 他工作认真，通常受到表扬。(×)

练习 Exercises

1. **看图写词**。Write words according to the pictures.

 (1) (　　　　　)	 (2) (　　　　　)	 (3) (　　　　　)
 (4) (　　　　　)	 (5) (　　　　　)	 (6) (　　　　　)
 (7) (　　　　　)	 (8) (　　　　　)	 (9) (　　　　　)
 (10) (　　　　　)	 (11) (　　　　　)	 (12) (　　　　　)

2. **选词填空**。Choose the right words to fill in the blanks.

由……组成　根据　通常　受　盖　改　特点　特征　创始人　占

(1) 比尔·盖茨是微软的（　　　　）。

(2) 现在很多的农村都（　　　　）了高楼。

(3) 他有一个很明显的（　　　　）是左脸上有一块红色的疤。

(4) 哈利·波特系列电影是（　　　　）原著拍的。

(5) 我（　　　　）都是五点半下班，今天有点儿忙，需要加班。

(6) 你一定要（　　　　）正那些不好的习惯。

(7) 我们班（　　　　）16 名来自世界各地的学生（　　　　）。

(8) 他今天有点儿不高兴，因为（　　　　）到老师的批评了。

(9) 这本书的（　　　　）是好玩有趣。

(10) 我们班的女生（　　　　）了全班的三分之二。

3. **查一查下面的姓氏怎么读**。Look up the pronunciations of the following surnames.

区（　　　　）	黑（　　　　）	盖（　　　　）	查（　　　　）
曾（　　　　）	乐（　　　　）	任（　　　　）	教（　　　　）
员（　　　　）	华（　　　　）	纪（　　　　）	仇（　　　　）

4. 组句。 Rearrange the words to form a sentence.

(1) 成绩　班里　他的　在　排名　第一

____

(2) 逛　一　特点　大　花市　广州　春节　的　是

____

(3) 中国　为　主食　北方　以　馒头、面条

____

(4) 合唱队　由　老年人　60 岁以上的　组成　主要　这支

____

(5) 把　的　姓　复姓　称为　两个汉字　及以上　大家

____

5. 阅读下文，完成练习。 Read the passage and complete the exercises.

中国是世界上最早使用姓氏的国家，大约在5000年前的伏羲(xī)时期，“姓”被定为世袭(xí)。

在夏、商、周时期，姓和氏并不一样。“姓”的本义是“生”，最初是代表有共同血缘、血统、血族关系的族号。“氏”出现得比“姓”晚，可以说是“姓”的分支，常常是由君主所封之地、所赐的爵位或者自己的官职而来。比如姜子牙姓姜，但祖先封地在吕地，他的氏就取为“吕”，但姓不变。姓用来区别婚姻，“同姓不通婚”，氏是用来区别人的地位的，贵族有氏，平民无氏。大约从秦汉时期开始，姓氏混而为一。主要有以下几类：

(1) 以姓为姓氏

姓作为氏族公社时期氏族部落的标志符号而产生，其后人有的直接承袭为氏。母系氏族社会以母亲为姓，所以那时许多姓都是女字旁。

jī sì
如姬、姜、姒、姚等。

(2) 以国名为姓氏

如春秋战国时期的诸侯国：齐、鲁、晋、宋、郑、吴、越、秦、楚、卫、韩、赵、魏、燕、陈、蔡、曹、胡、许等，皆成为常见姓。

yì
(3) 以邑名为姓氏

邑即采邑，是帝王及各诸侯国国君分予同姓或异姓卿大夫的封地。其后代或生活在这些采邑中的人有的便继之为氏。据统计，以邑为氏的姓氏近200个。如尹、魏、韩等。

(4) 以乡亭之名为姓氏

乡亭即乡中公舍，汉制，百户为一里，十里一亭，十亭一乡，每

péi
亭设公舍一间，供人休息。这类情况不多，今日常见姓有裴、陆、

yán hǎo
阎、郝、欧阳等。

(5) 以居住地为姓氏

春秋时代齐国公族大夫分别住在东郭、南郭、西郭、北郭，便以东郭、南郭等为姓。郑大夫住在西门，便以西门为姓。这类姓氏中，

lǘ
复姓较多，一般都带邱、门、乡、闾、里、野、官等字，表示不同环境的居住地点。

(6) 以先人的字为姓氏

字是在本名以外，又取的别名。如周平王有一个儿子字林开，其

后代以林为姓，其他如高、刁、公、施等。

（7）以兄弟次第为姓氏

一家一族，按兄弟顺序排行取姓，如老大曰伯或孟，老二曰仲，老三曰叔，老四曰季等。后代相沿为氏，表示在宗族中的顺序。

（8）以官职为姓氏

古代有五官，即：司徒、司马、司空、司士、司寇（kòu），他们的后代都以这些官职为姓。宋国执政卿乐喜（子罕）称司城子罕，一些以官职为姓的姓氏，单从字义上看，也可以分辨出来，如籍、谏（jiàn）、库、仓、军、厨等。

（9）以职业为姓氏

如：巫（wū）、卜、陶、匠、屠（tú）等。

（10）少数民族汉化

古代少数民族与汉族大融合，借用汉字单字为氏。如拓跋氏改为元氏、关尔佳氏改为关氏等。有些姓则是民族语言的译音。如匈奴首领单于的子孙就有不少姓单于。

（11）以谥（shì）号为姓氏

谥号是古代帝王赐给死去的功臣的封号。如胡、戴、召等。

（12）改姓

皇帝给功臣赐姓改名，或者因避讳（huì）皇帝名号更名改姓。如唐朝赐给立有大功的大臣们以李姓，明朝赐以朱姓。汉文帝名刘恒，凡姓"恒"者因避讳改为常氏。

（引自程裕祯：《中国文化要略》，外语教学与研究出版社 2011 年版；搜狐网《姓氏文化知多少，这里最全》，有删改）

A. 请调查下面中国姓氏的来源，填入相应的表格。

池　韩　陈　刘　史　熊　黄　卜　万　花
李　西门　柳　梅　司空　张　屠　夏　乔

以山河名称为姓氏		以官职为姓氏	
以国名封地为姓氏		皇帝赐姓氏	
以居住地为姓氏		以花木为姓氏	
以图腾为姓氏		以职业为姓氏	
以季节为姓氏		以数字为姓氏	

B. 说出你的故事：介绍你的姓氏和名字的由来以及含义。

6. 请在你的班级展开姓氏调查。Conduct an investigation on surnames among your classmates.

找几位同学，问问在他们国家最常见的姓氏有哪些，请写出三个，并写出其中文意思。

国家	姓氏	中文意思
	1 2 3	1 2 3

7. 我是中文大佬。I am a Chinese expert.

请给你的家人和最好的朋友起一个中文名字，并告诉大家原因和名字的意义。

8.《百家姓》知多少。What do you know about the *Book of Chinese Family Names*?

《百家姓》成书于北宋初年，原来收集中文姓氏 411 个，后增补到 504 个，其中单姓 444 个，复姓 60 个。《百家姓》并不依照各姓氏的人口数量排序，“赵钱孙李”成为《百家姓》前四姓是因为百家姓形成于宋代吴越钱塘地区，因此宋朝皇帝赵氏、吴越国王钱氏、吴越国王钱俶（chù）正妃孙氏以及南唐国王李氏成为百家姓前四位。

第十课　谈谈教育

Talk about education

课前热身 Warming up

你们父母是怎样教育孩子的？你喜欢他们的教育方式吗？How do your parents educate their children? Do you like their educational mode?

生词 New words

1	教育	jiàoyù	名	education
2	梦寐以求	mèngmèiyǐqiú		to dream of; a long cherished goal
3	严格	yángé	形	strict

4	准	zhǔn	动	to allow
5	自由	zìyóu	形	free
6	碳酸*	tànsuān	名	carbonic acid
7	炎热	yánrè	形	scorching; blazing; burning hot
8	部位*	bùwèi	名	part; position; place; region
9	力度	lìdù	名	strength
10	狠狠	hěn hěn		severely
11	布置	bùzhì	动	to arrange; to assign
12	额外	éwài	形	extra; additional; added
13	背诵	bèisòng	动	to recite
14	熟练	shúliàn	形	skilled; practiced; proficient
15	挨	ái	动	to suffer
16	全部	quánbù	名	whole; complete; entire; total; all
17	记得	jìde	动	to remember
18	亲手	qīnshǒu	副	with one's own hands; personally
19	派对	pàiduì	名	party
20	课外	kèwài	名	extracurricular; outside class; after school
21	研究	yánjiū	动	to study; to research
22	苦闷	kǔmèn	形	depressed

23	苦衷	kǔzhōng	名	difficulties that one is reluctant to discuss or mention
24	委屈	wěiqu	形	wronged
25	记恨	jìhèn	动	to hate
26	培养	péiyǎng	动	to cultivate
27	逃避	táobì	动	to escape
28	后裔*	hòuyì	名	descendant
29	春卷	chūnjuǎn	名	spring roll
30	赚	zhuàn	动	to earn
31	秉承*	bǐngchéng	动	to adhere to
32	原则*	yuánzé	名	principle
33	依旧	yījiù	副	still
34	合格	hégé	形	qualified
35	炉子	lúzi	名	stove
36	幕	mù	量	act
37	训斥	xùnchì	动	to rebuke
38	废物	fèiwu	名	good-for-nothing
39	溺爱	nì'ài	动	to spoil (a child); to dote on (a child)
40	害	hài	动	to do harm to; to impair
41	改变	gǎibiàn	动	to change; to alter
42	现状	xiànzhuàng	名	present situation; current situation
43	心酸	xīnsuān	形	to be grieved; to feel sad

44	担	dān	动	to bear
45	担子	dànzi	名	load；burden
46	独立	dúlì	动	to be independent；to be on one's own
47	逐渐	zhújiàn	副	gradually；little by little
48	提供	tígōng	动	to provide；to supply；to furnish；to offer
49	批发	pīfā	动	wholesale
50	利润	lìrùn	名	profit
51	支配	zhīpèi	动	to direct；to control；to arrange
52	零售	língshòu	名	to retail
53	噱头*	xuétóu	名	stunt；gimmick
54	入场券	rùchǎngquàn	名	admission ticket
55	琢磨	zuómo	动	to turn sth. over in one's mind；to ponder
56	新颖	xīnyǐng	形	new and original；novel
57	引导	yǐndǎo	动	to guide；to lead
58	业界	yèjiè	名	industry
59	精英	jīngyīng	名	person of outstanding ability；elite

专名 Proper nouns

1	《三字经》	《Sānzìjīng》	名	Three-Character Classic

2	《弟子规》	《Dìzǐguī》	名	Disciple Gauge
3	犹太	Yóutài	名	Jewish; Jew
4	以色列	Yǐsèliè	名	Israel
5	谢克尔	Xièkè'ěr	名	Shekel
6	雅戈洛	Yǎgēluò	名	Agora

课文 Text

课文 1 Text 1

"狼爸"

大概在十多年前，我终于考上了多年来梦寐以求的大学——北京大学，这跟爸爸对我们的教育有很大的关系，他的教育方式在别人看来有点儿"特别"。

从小到大，我都很羡慕别人家的孩子，因为爸爸对我们兄弟姐妹的要求一直很严格。他不准我们看电视，不准我们自由上网，不准我们喝碳酸饮料，也不准在炎热的夏天随意开空调。在我们很小的时候，家里就有严格的规定，一旦犯规，我们都清楚地知道，爸爸会在什么时间、什么地点、用什么方式打哪个部位、打多少下、打的力度有多重……

我们每天必须做完作业才能休息，作业完成得不好，就会受到狠狠的惩罚。除了学校的作业，爸爸还会给我们布置额外的任务，比如每天晚上要背诵《三字经》《弟子规》，如果背得不熟练，就会挨打，挨了打还要背，一直到背熟了才能上床睡觉。

爸爸认为，我们上大学之前，不需要交朋友，要把全部的时间和精力都放在学习上。记得有一次，我花了很多功夫亲手做了一个礼物要送给过生日的同学，爸爸同意我去同学家参加生日派对，但只允许我在那里待三分钟。

我们小时候没有自由，不能打篮球，不能参加课外活动，不能参加毕业旅行，不能研究自己喜欢的花花草草，这些事，令我们十分苦闷。可是，爸爸会和我们讲道理，让我们明白他的苦衷。委屈会有，但不太会记恨爸爸，或者说，爸爸让我们又爱又恨。

如今在中国，越来越少的人还会像爸爸那样教育孩子，人们的教育方式已经发生了很大变化，但我还会时常想起爸爸的那些“特别”的教育。

课文❷ Text 2

一个犹太人的家庭教育

这是一位犹太母亲把三个孩子培养成才的故事。这位母亲生在上海，她的父母很早就去世了。结婚后生下三个孩子，但不久后丈夫又离她而去了。为了逃避痛苦，她成为中以建交后第一批回到以色列的犹太后裔。

独自回到以色列后，她在路边摆了个小摊卖春卷，每天只能赚到十来个谢克尔，一谢克尔等于 100 雅戈洛。1993 年，她接回了三个孩子，大儿子 14 岁，二儿子 13 岁，小女儿 11 岁。一开始她一直秉承“再苦不能苦孩子”的原则，依旧做着合格的中国式妈妈。把孩子送去学校读书，她卖春卷，孩子放学，她就停止营业，在小炉子上面给他们做馄饨或者面条。这一幕被邻居看到了，领导就来训斥大儿子：“你已经是大孩子了，你应该学会去帮助你的母亲，而不是看着你母亲忙碌，自己就像废物一样。”然后转过头训斥母亲：“不要溺爱孩子，这样只会害了他们!”

听了这些话，大儿子和她都很难受，他们决定改变现状。大儿子不但学会了做春卷，还跟弟弟妹妹一起把春卷带到学校卖，每天，三个小孩子能赚到 10 个谢克尔，回家交给母亲。母亲觉得很心酸，让他们小小年纪就担起生活的担子，但犹太人不这么认为。在犹太家庭里，孩子没有免费的食物和照顾，任何东西都是有价格的，每个孩子都必须学会赚钱，学会独立生活，才能获得自己需要的一切。

于是妈妈也逐渐适应了这样的教育方式，不再提供免费的餐食和服务，同时也给他们赚钱的机会，以每个春卷 30 雅戈洛的价钱批发给他们，带到学校后，可自行加价出售，利润部分自由支配。

三个孩子卖春卷的方式竟然截然不同。小女儿最老实，按老价钱 50 雅戈洛一个零售；二儿子则以 40 雅戈洛的价钱批发给学校餐厅，餐厅每天让他送 100 个春卷；大儿子则举办了一个“带你走进中国”的讲座，讲座的噱头就在于可以免费品尝美味的中国春卷，但需要买入场券，每人 10 雅戈洛，结果收入 1500 雅戈洛。

随后他们琢磨出了更多更新颖的赚钱方法，他们很努力地去学习和思考，学业并没有受到任何影响。因为妈妈的尊重和正确引导，三个孩子长大以后都成为业界精英。

语言知识 Language guidelines

知识 1 Tip 1

“不准……，不准……，也不准……”

“他不准我们看电视，不准我们自由上网，不准我们喝碳酸饮料，也不准在炎热的夏天随意开空调。”

“不准……，不准……，也不准……”，三个或三个以上句子句式相似，意义相似或相关，语气相同，称为排比句，可以增强语势，加强文章节奏感。例如：

（1）为了使我减肥，妈妈不准我吃肉，不准我吃零食，也不准我睡懒觉。

（2）为了父母，为了家乡的亲人，为了所有关心我的人，这次比赛我一定要赢！

知识 2 Tip 2

“记得”

“记得有一次，我花了很多功夫亲手做了一个礼物要送给过生日的同学”

“记得”，意思是“想得起来，没有忘记”，常常用于句首，引起回忆。例如：

（1）记得以前，我们常常坐在操场聊天、看星星。

（2）记得那时候，你还不到 1 岁，但是已经会走路了。

知识3 Tip 3

“幕”

“这一幕被邻居看到了”

“幕”，原指戏剧中比较完整的段落，在这里指生活中的情景。例如：

（1）孩子哭得泣不成声，看到这一幕，妈妈心都碎了。

（2）眼前这一幕真是笑死人了。

知识4 Tip 4

“逐渐”

“于是妈妈也逐渐适应了这样的教育方式”

“逐渐”表示缓慢而有秩序地进行，常用于书面语。后边可以用动词、形容词，形容词后常带“了、起来、下去”等。例如：

（1）春天到了，气候逐渐转暖。

（2）哭完了，她的心情逐渐平静下来。

（3）随着时间越来越长，他也逐渐忘了那件事。

知识5 Tip 5

“则”

“二儿子则以40雅戈洛的价钱批发给学校餐厅”

“则”，表示对比，意思是“却”，有时候对比带有转折性。例如：

（1）妹妹从小喜欢唱歌跳舞，我则最喜欢读书写字。

（2）海南还是30摄氏度，而东北一带则已经是零下了。

知识6 Tip 6

“噱头”

“讲座的噱头就在于可以免费品尝美味的中国春卷”

“噱头”，意思是引人发笑的话或举动，在这里的意思是“看点、卖点”。例如：

（1）这款手机以“折叠屏幕”做噱头，引起了很多人关注。

（2）“5G”只是个噱头，他们真正做的是别的。

练习 Exercises

1．**词语搭配**。Make phrases.

（1）挨　________　________　________

（2）布置　________　________　________

（3）亲手　________　________　________

（4）培养　________　________　________

（5）改变　________　________　________

（6）提供　________　________　________

（7）停止　________　________　________

（8）举办　________　________　________

2．选词填空。Choose the right words to fill in the blanks.

额外	担子	严格	逃避	委屈
训斥	忙碌	原则	溺爱	规定

（1）从小到大，爸爸一直对我要求很__________。

（2）学校__________在校园里禁止抽烟，难道你不知道吗？

（3）“开车不喝酒，喝酒不开车”这一直都是我的__________。

（4）你们不能这么__________孩子，这样以后会害了他。

（5）每次看到厨房里父母一起__________的身影，我都会感到很幸福。

（6）你要记住：__________是解决不了任何问题的。

（7）要照顾父母，还要照顾弟弟妹妹，他身上的__________很重。

（8）她从小就受不了__________，不高兴就哭个没完。

（9）哥哥因为不听话受到了爷爷的__________。

（10）除了学校的作业，我还要完成父母__________布置的一些家庭作业。

3．根据语境回答问题。Answer the questions according to the context.

（1）今天晚上你能参加我的生日派对吗？

____（允许）

（2）请问，我可以抽烟吗？

____（准）

（3）这个礼物真漂亮啊！

____（亲手）

（4）你怎么知道这件事？

____（亲耳）

（5）你打算在这里学多长时间？

____（决定）

（6）你们是怎么认识的？

____（记得）

4. 完成句子。 Complete the sentences with the given words or expressions.

（1）他高兴极了，因为____________________。（梦寐以求）

（2）没想到过了这么多年，你__________________。（依旧）

（3）____________________，所以一定不能浪费。（亲手）

（4）以前，父母对我很严格，18 岁以后__________________

____。（不再）

（5）她的脸红红的，____________________。（像……一样）

5. 组句。 Rearrange the words to form a sentence.

（1）教育　孩子　跟　关系　很大的　是否　有　成才　父母的

____

（2）零食　父亲　准　随意　我们　吃　不

____

（3）背　才　熟练　睡觉　到　上床　得　我们　能

____

（4）全部　父母　把　的　精力　在　我们　让　学习上　放

____

(5) 他们 受到 影响 并 学业 没有 任何 的

____

6. **根据上下文意思填空。** Fill in the blanks according to the context.

三个孩子卖春卷的方式（　　　　）截然不同。小女儿最老实，（　　　　）老价钱 50 雅戈洛一个零售；二儿子则以 40 雅戈洛的价钱（　　　　）给学校餐厅，餐厅每天让他送 100 个春卷；大儿子则（　　　　）了一个“带你走进中国”的讲座，讲座的噱头就在于可以免费（　　　　）美味的中国春卷，但需要买（　　　　），每人 10 雅戈洛，结果收入 1500 雅戈洛。

随后他们（　　　　）出了更多更（　　　　）的赚钱方法，他们很努力地去学习和思考，学业并没有受到任何影响。因为妈妈的尊重和正确（　　　　），三个孩子长大以后都成为业界（　　　　）。

7. **阅读下文，回答问题。** Read the passage and answer the questions.

孟子，名轲。战国时期鲁国人（现在的山东省境内）。三岁时父亲去世，他由母亲一手抚养长大。

孟子小时候很贪玩，模仿性很强。他家原来住在坟地附近，他常常玩筑坟墓或学别人哭拜的游戏。母亲认为这样不好，就把家搬到集市附近，孟子又模仿别人玩做生意和杀猪的游戏。孟母认为这个环境也不好，就把家搬到学堂旁边。孟子就跟着学生学习礼节和知识。孟母认为这才是孩子应该学习的，心里很高兴，就不再搬家了。

(1) 孟子是谁养大的？(　　)

A. 三岁以后跟父亲长大

B. 由父母一起带大

C. 由母亲抚养长大

(2) 孟子小时候怎么样？(　　)

A. 很喜欢看别人表演

B. 看到什么就喜欢表演什么

C. 很喜欢玩游戏

(3) 孟子的家搬了几次？(　　)

A. 一次　　B. 两次　　C. 三次

(4) 这个故事告诉我们什么？(　　)

A. 孟子的母亲喜欢搬家

B. 喜欢模仿的孩子最聪明

C. 生活环境会影响孩子

思考：孟子的母亲为什么要搬家？你们国家也有这样的问题吗？

8. 仿照例句，介绍一下你的父母对你的教育方式。Follow the examples and introduce the educational mode in your family.

(1) 从小到大，爸爸对我们兄弟姐妹的要求很严格，他不准我们看电视，不准我们自由上网，不准我们喝碳酸饮料，也不准在炎热的夏天随意开空调。

A. 从小到大，父母对我们的教育……

（2）爸爸认为，我们上大学之前，不需要交朋友，要把全部的时间和精力都放在学习上。记得有一次，我花了很多功夫亲手做了一个礼物要送给过生日的同学，爸爸同意我去同学家参加生日派对，但只允许我在那里待 3 分钟。

B：父母认为，……。记得有一次……

9. 练一练。 Practice.

（1）在你们国家，父母一般是怎样教育孩子的呢？有什么原则？请你来说一说。

（2）你认为怎样教育孩子是好的呢？可以打孩子吗？

（3）下面是中国古代一些关于教育的话，你最喜欢哪一句呢？

A. 因材施教

B. 三人行，必有我师焉。

C. 学而不思则罔，思而不学则殆。

D. 温故而知新，可以为师矣。

E. 严师出高徒。

F. 养不教，父之过。教不严，师之惰。

参考答案 Answers

第一课　不做低头族

1. （1）追　（2）打　（3）吓　（4）转　（5）救
   （6）扎　（7）抬　（8）流　（9）躺

2. （1）gān 干净 gàn 干活　（2）xuè 血液 xiě 血淋淋
   （3）mèn 闷气 mēn 闷热　（4）zhī 一只鸡 zhǐ 只有
   （5）jǐn 尽快 jìn 尽头　（6）è 凶恶 ě 恶心

3. （1）扎针　扎心　扎人
   （2）谈话　谈恋爱　交谈
   （3）追小偷　追坏人　追赶
   （4）推门　推人　推倒
   （5）救人　救命　救小狗
   （6）酷爱打游戏　酷爱唱歌　酷爱学中文
   （7）断桥　断石　断粮
   （8）转动脖子　转动腰　转动身体

4.（一）

（1）需要　（2）连续　（3）实在　（4）抱怨　（5）结束

（6）赶忙　（7）发现　（8）发生　（9）尽力　（10）输

（二）

（1）立刻　（2）赶快

（3）实在　（4）确实

（5）尽量　（6）尽力

5.（略）

6.（略）

7.（略）

8.（略）

9.（略）

10.（略）

第二课　未来生活

1.（略）

2.（一）

（1）自动　（2）沟通　（3）位置　（4）尽快

（5）行驶　（6）密不可分　（7）完善　（8）疏忽大意

（9）显示屏　（10）事故

（二）

（1）差不多　（2）几乎　（3）尽快　（4）尽力

（5）曾经　（6）已经　（7）其次　（8）接着

3.（略）

4.（略）

5.（1）我希望明天能有一个好天气。

（2）孩子们兴奋地跑回家去。

（3）这个城市发展的速度令人意想不到。

（4）你敢把这么重要的工作交给一个孩子吗？

（5）未来世界充满了无限的可能。

6. 按　自动　目的　启动　模式

调　显示屏　娱乐

行驶　沟通

7. CAGBDFE

8.（略）

9. （略）

10. （略）

第三课 中国跟我想的不一样

1. （1）打篮球　打羽毛球　打网球
（2）抢钱　抢人　抢包
（3）搭乘地铁　搭乘火车　搭乘汽车
（4）缩短时间　缩短距离　缩短路程
（5）选择回家　选择放弃　选择离开
（6）日益减少　日益增多　日益完善
（7）保持年轻　保持健康　保持灵活
（8）增加人数　增加收入　增加面积

2. （1）通过　（2）惊喜　（3）发达/便捷　（4）发达
（5）不可思议　（6）想象　（7）丰富　（8）留
（9）人山人海　（10）渐渐

3. （1）热心　（2）热情　（3）以为　（4）觉得
（5）特别　（6）尤其　（7）渐渐　（8）慢慢
（9）简直　（10）几乎　（11）一切　（12）所有
（13）即使　（14）哪怕

4. （1）C （2）C （3）B （4）D （5）C （6）D

5. （1）现在只需要带上手机和钥匙出门就够了。/现在出门只需要带上手机和钥匙就够了。

（2）日本大城市的地铁网络都很发达。

（3）高铁已经成为市内最重要的交通工具之一。

（4）中国人比我想象的更友好热情。

（5）我希望以后有机会能留在这儿工作。

6. （略）

7. （略）

8. （略）

9. （1）ACB （2）BAC （3）ACB （4）ACB （5）ABC

10. （略）

第四课　成语故事二则

1. （1）添衣　添菜　添饭

（2）分酒　分桌　分餐

（3）落叶　落日　落花

(4) 端菜　端饭　端水
(5) 拔草　拔剑　拔萝卜
(6) 发财　发火　发愁
(7) 获得成功　获得回报　获得满足
(8) 感到开心　感到难过　感到伤心

2. (1) 画蛇添足　(2) 筋疲力尽　(3) 心满意足
(4) 莫名其妙　(5) 拔苗助长　(6) 自作聪明
(7) 自言自语　(8) 眼睁睁

3. (略)

4. (略)

5. (略)

6. (1) EBDCA　(2) EDBCA

7. (略)

8. 三下五除二　端　得意　于是　结果　抢
本来　随意　自作聪明　眼睁睁

9. (略)

10. (略)

第五课　趣说汉字

1.（1）帽子　（2）轿车　（3）躺椅　（4）经商　（5）戴
（6）贴　（7）双胞胎　（8）怀孕　（9）离婚

2.（1）贴春联　贴照片　贴画
（2）提肉　提酒　提礼物
（3）扛粮食　扛米　扛面
（4）敲门　敲桌子　敲头
（5）缺衣　缺吃　缺喝
（6）看望朋友　看望家人　看望同学

3.（1）恍然大悟　（2）破破烂烂　（3）身价百倍
（4）一字之差　（5）缺衣少食　（6）号啕大哭
（7）鸡飞狗跳　（8）哭笑不得

4.（略）

5.（略）

6.（略）

7.（略）

8. （略）

9. （1）美丽的家乡 （2）坏小孩 （3）黄金屋 （4）舞
（5）快乐王子 （6）长命百岁 （7）演奏 （8）家庭
（9）美丽的姑娘 （10）静 （11）京 （12）世

10. （略）

11. （略）

第六课　我追过的明星

1. （1）钟爱武术　钟爱唱歌　（2）充满兴趣　充满勇气
（3）迷恋功夫　迷恋学习　（4）苦练功夫　苦练技术
（5）收藏邮票　收藏专辑　（6）受到影响　受到关注
（7）热爱祖国　热爱武术　（8）关注明星　关注新闻
（9）照顾父母　照顾身体　（10）亲自做饭　亲自迎接

2. （1）不断 （2）特效 （3）感动 （4）榜样
（5）合作 （6）敬业 （7）责任心 （8）超级
（9）表现 （10）优秀

3. （1）兴奋 （2）佩服 （3）爱 （4）受到

4.（略）

5.（1）你不是我的弟弟，但是我把你当做我的弟弟。
（2）我喜欢听音乐，因为听音乐使我觉得非常开心。
（3）这次她一定要亲自去，别人去她不放心。
（4）从去年 3 月 1 日截止到今天，我来这里学习已经一年了。
（5）我想不到他竟生病了。

6.（1）√ （2）× （3）√ （4）√ （5）×

7.（略）

8.（略）

9.（略）

第七课 参加中国婚礼

1.（1）婚礼 （2）新郎 （3）新娘 （4）捧花
（5）红枣 （6）花生 （7）桂圆 （8）莲子

2.（1）车 （2）电 （3）车 （4）妻
（5）作业 （6）伞 （7）力气 （8）新娘
（9）客人 （10）力气 （11）吃穿 （12）时间

3.（1）想要成功，努力是必不可少的。
（2）最近穿喇叭裤又开始流行了。
（3）广式月饼和北方的不太一样，有豆沙和莲蓉蛋黄的。
（4）母亲是心甘情愿为孩子付出的。
（5）早上 9 点的时候，这附近会堵车。
（6）看到他脸脏成这样，我哭笑不得。
（7）天突然变黑了，看来要下雨了。
（8）这次考试对我来说很重要，我一定要仔细检查答案。
（9）他很讲究吃。
（10）不管你们说什么，我已经下决心了。

4.（1）了解情况（2）费力气　（3）深刻印象（4）按照要求
（5）有道理　（6）珍惜时间（7）完成任务
（造句略）

5. 参加	伴郎	印象	费	完成	任务
做	亲	红包	婚鞋	仔细	摄影师
是为了	珍惜	道理	讲究	规矩	了解

6.（略）

7.（略）

8.（略）

9.（略）

第八课　中国那么大，请你看一看

1.（1）风光　（2）闻名　（3）秀丽　（4）流水
（5）雪　（6）生活　（7）车　（8）风
（9）暑　（10）山　（11）钢琴　（12）感想
（13）公司　（14）身体　（15）生活

2.（1）特色　（2）带　（3）热门　（4）发现
（5）避暑　（6）度假　（7）体验　（8）踏青
（9）高原　（10）风筝

3.（略）

4.（1）我喜欢唱歌、跳舞，除此以外，也喜欢画画儿。

（2）我们公司的产品出口英国、美国，除此以外，还出口澳大利亚。

（3）大卫认识的汉字不多，连“小”他也不认识。

（4）他去过很多地方，连南极也去过。

（5）一旦你有什么不舒服，就立刻告诉医生。

（6）一旦你遇到紧急情况，你就打电话给这个警察。

5.（略）

6. （略）

7. （略）

8. （1）B　（2）B　（3）D　（4）C　（5）A

9. （略）

10. （略）

第九课　姓氏文化

1. （1）大炮　（2）教堂　（3）婴儿　（4）水田
   （5）裁缝　（6）熊　（7）屋顶　（8）铁匠
   （9）木匠　（10）教士　（11）洗礼　（12）山脚

2. （1）创始人　（2）盖　（3）特征　（4）根据
   （5）通常　（6）改　（7）由　组成　（8）受
   （9）特点　（10）占

3. （略）

4. （1）他的成绩在班里排名第一。
   （2）逛花市是广州春节的一大特点。

（3）中国北方以馒头、面条为主食。

（4）这支合唱队主要由60岁以上的老年人组成。

（5）大家把两个汉字及以上的姓称为复姓。

5.（略）

6.（略）

7.（略）

8.（略）

第十课　谈谈教育

1.（1）挨骂　挨打　挨批评

（2）布置作业　布置任务　布置工作

（3）亲手做　亲手给　亲手弄

（4）培养人才　培养才能　培养兴趣

（5）改变命运　改变计划　改变情况

（6）提供方便　提供帮助　提供意见

（7）停止哭泣　停止比赛　停止呼吸

（8）举办比赛　举办活动　举办晚会

2.（1）严格　（2）规定　（3）原则　（4）溺爱

（5）忙碌　（6）逃避　（7）担子　（8）委屈
（9）训斥　（10）额外

3.（略）

4.（略）

5.（1）孩子是否成才跟父母的教育有很大的关系。
（2）父亲不准我们随意吃零食。
（3）我们得背到熟练才能上床睡觉。
（4）父母让我们把全部的精力放在学习上。
（5）他们的学业并没有受到任何影响。

6. 竟然　按　批发　举办　品尝
入场券　琢磨　新颖　引导　精英

7.（1）C　（2）B　（3）B　（4）C

8.（略）

9.（略）

词汇表 Vocabulary

生词总表（按音序排列）

A

挨	ái	（10）
安全	ānquán	（3）
按钮	ànniǔ	（2）

B

白	bái	（4）
伴郎*	bànláng	（7）
伴娘*	bànniáng	（7）
帮手	bāngshou	（5）
榜样	bǎngyàng	（6）
保镖*	bǎobiāo	（5）
保留	bǎoliú	（7）

注：括号里的数字表示生词所在的课。

Note：The numbers in brackets indicate the lesson where the new words are located.

保鲜膜*	bǎoxiānmó	(7)
报道	bàodào	(3)
抱头痛哭	bàotóu tòngkū	(1)
抱怨	bàoyuàn	(1)
背诵	bèisòng	(10)
奔丧*	bēnsāng	(5)
本来	běnlái	(4)
笨重	bènzhòng	(2)
必不可少	bì bù kě shǎo	(3)
毕竟	bìjìng	(8)
避暑	bìshǔ	(8)
变化	biànhuà	(2)
便	biàn	(4)
便捷	biànjié	(3)
辨别	biànbié	(7)
表明	biǎomíng	(2)
表现	biǎoxiàn	(6)
冰雕	bīngdiāo	(8)
秉承*	bǐngchéng	(10)
脖子	bózi	(1)
博士	bóshì	(5)
不断	búduàn	(6)
不可思议	bùkě sīyì	(3)
布置	bùzhì	(10)
部位*	bùwèi	(10)

C

裁缝*	cáifeng	(9)
参与	cānyù	(6)
草甸*	cǎodiàn	(8)
曾经	céngjīng	(2)
长寿	chángshòu	(3)
常年	chángnián	(5)
畅销	chàngxiāo	(8)
超级	chāojí	(6)
称	chēng	(6)
称号	chēnghào	(9)
称赞	chēngzàn	(6)
撑	chēng	(7)
成群*	chéngqún	(8)
成熟	chéngshú	(2)
成语	chéngyǔ	(4)
充满	chōngmǎn	(2)
出嫁	chūjià	(9)
出生	chūshēng	(6)
窗帘	chuānglián	(7)
创始人	chuàngshǐ rén	(9)
吹	chuī	(8)
春卷	chūnjuǎn	(10)
春联	chūnlián	(5)

D

地毯	dìtǎn	(7)
递	dì	(7)
点头	diǎntóu	(4)
动物	dòngwù	(9)
独立	dúlì	(10)
堵	dǔ	(7)
度假	dùjià	(8)
端	duān	(4)
断	duàn	(1)
多数	duōshù	(3)

E

额外	éwài	(10)
而	ér	(2)

F

发表	fābiǎo	(8)
发愁	fāchóu	(4)
发达	fādá	(3)
反应	fǎnyìng	(1)
犯	fàn	(8)
方块	fāng kuài	(2)
放过	fàng guò	(7)

飞驰*	fēichí	(1)
废物	fèiwu	(10)
分离	fēnlí	(5)
纷纷	fēnfēn	(4)
风格	fēnggé	(6)
风光	fēngguāng	(8)
风情	fēngqíng	(8)
风筝*	fēngzheng	(8)
疯狂	fēngkuáng	(6)
夫妻	fūqī	(5)
负面	fùmiàn	(3)
复姓*	fùxìng	(9)

G

改变	gǎibiàn	(10)
盖	gài	(9)
干脆	gāncuì	(1)
赶忙	gǎnmáng	(5)
感动	gǎndòng	(6)
感激	gǎnjī	(5)
高速	gāosù	(2)
高原	gāoyuán	(8)
歌声	gēshēng	(6)
各个*	gègè	(9)

沟通	gōutōng	(2)
购物中心	gòu wù zhōngxīn	(3)
够	gòu	(4)
咕咚*	gūdōng	(4)
古代	gǔdài	(7)
古老	gǔlǎo	(8)
古时候*	gǔ shíhou	(4)
骨科	gǔ kē	(1)
鼓励	gǔlì	(6)
故	gù	(5)
顾	gù	(1)
雇	gù	(5)
官员	guānyuán	(4)
广场舞	guǎngchǎngwǔ	(3)
广为人知	guǎng wéi rén zhī	(8)

H

嗨	hāi	(6)
海报	hǎibào	(6)
海滨	hǎibīn	(8)
害	hài	(10)
含义	hányì	(9)
号啕大哭	háotáo dàkū	(5)
豪华	háohuá	(3)

呵呵	hēhē	(5)
禾苗	hémiáo	(4)
合	hé	(5)
合格	hégé	(10)
何必	hébì	(5)
和平	hépíng	(8)
狠狠	hěn hěn	(10)
横批*	héngpī	(5)
后悔	hòuhuǐ	(7)
后裔*	hòuyì	(10)
花生*	huāshēng	(7)
华人	huárén	(6)
怀孕	huáiyùn	(5)
皇帝	huángdì	(6)
恍然大悟	huǎngrán dàwù	(5)
回头	huítóu	(4)
婚礼	hūnlǐ	(7)
火	huǒ	(8)
火星*	huǒxīng	(2)
或许	huòxǔ	(3)
获得	huòdé	(4)

J

几乎	jīhū	(2)

鸡飞狗跳	jīfēi gǒutiào	(5)
基础	jīchǔ	(6)
基地*	jīdì	(2)
极其	jíqí	(3)
急忙	jímáng	(4)
急诊室	jízhěn shì	(1)
记得	jìde	(10)
记恨	jìhèn	(10)
加速	jiāsù	(2)
家常	jiācháng	(3)
驾驶	jiàshǐ	(2)
简直	jiǎnzhí	(3)
建筑	jiànzhù	(8)
渐渐	jiànjiàn	(3)
毽子*	jiànzi	(3)
僵硬*	jiāngyìng	(1)
轿车*	jiàochē	(5)
教士*	jiàoshì	(9)
教堂	jiàotáng	(9)
教育	jiàoyù	(10)
结伴	jiébàn	(3)
结尾	jiéwěi	(9)
结缘*	jiéyuán	(6)
截	jié	(4)
截然不同	jiérán bùtóng	(3)

截止*	jiézhǐ	(6)
解释	jiěshì	(5)
筋疲力尽	jīnpí lìjìn	(4)
尽快	jǐnkuài	(2)
尽力	jìnlì	(1)
尽头	jìntóu	(8)
经典	jīngdiǎn	(6)
经商	jīngshāng	(5)
惊醒	jīngxǐng	(1)
兢兢业业	jīngjīngyèyè	(6)
精英	jīngyīng	(10)
颈椎*	jǐngzhuī	(1)
敬茶	jìng chá	(7)
敬业	jìngyè	(6)
纠结	jiūjié	(8)
救	jiù	(1)
救护车	jiùhù chē	(1)
居住地	jūzhù dì	(9)
局	jú	(1)
据	jù	(2)

K

看望	kànwàng	(5)
扛	káng	(5)

考察*	kǎochá	(8)
棵	kē	(4)
可贵	kěguì	(6)
可怕	kěpà	(1)
可笑	kěxiào	(5)
课外	kèwài	(10)
枯	kū	(4)
哭笑不得	kūxiào bùdé	(5)
苦练	kǔ liàn	(6)
苦闷	kǔmèn	(10)
苦衷	kǔzhōng	(10)
酷爱	kù'ài	(1)

L

喇嘛*	lǎma	(8)
老年人	lǎonián rén	(3)
冷汗	lěnghàn	(1)
离婚	líhūn	(5)
礼拜	lǐbài	(9)
力度	lìdù	(10)
利润	lìrùn	(10)
连	lián	(2)
连续	liánxù	(1)
恋爱	liàn'ài	(1)

良好	liánghǎo	(6)
粮食	liángshi	(5)
临	lín	(5)
灵魂	línghún	(6)
灵活	línghuó	(3)
零售	língshòu	(10)
留	liú	(3)
流	liú	(8)
炉子	lúzi	(10)
路线	lùxiàn	(2)
落	luò	(4)

M

帽	mào	(5)
媒人*	méiren	(6)
媒体	méitǐ	(3)
门缝*	mén fèng	(7)
闷气	mènqì	(1)
梦寐以求	mèngmèiyǐqiú	(10)
梦想	mèngxiǎng	(8)
迷糊	míhu	(1)
迷恋	míliàn	(6)
密不可分	mì bù kě fēn	(2)
面积	miànjī	(5)

苗	miáo	（4）
描写	miáoxiě	（8）
灭绝	mièjué	（2）
民族	mínzú	（8）
名称	míngchēng	（9）
明白	míngbai	（7）
陌生	mòshēng	（8）
莫名其妙	mòmíngqímiào	（4）
木匠*	mùjiàng	（9）
木框	mù kuàng	（7）
目的	mùdì	（2）
幕	mù	（10）

N

哪怕	nǎpà	（3）
闹	nào	（5）
能够	nénggòu	（4）
溺爱	nì'ài	（10）
年代	niándài	（2）
年货	niánhuò	（5）
扭头	niǔtóu	（5）
农夫	nóngfū	（4）
女婿	nǚxu	（3）

O

偶像	ǒuxiàng	（6）

P

排列	páiliè	（9）
排名	páimíng	（9）
派对	pàiduì	（10）
判断	pànduàn	（2）
培养	péiyǎng	（10）
佩服	pèifú	（6）
批发	pīfā	（10）
疲劳	píláo	（1）
偏僻	piānpì	（8）
频繁	pínfán	（2）
平静	píngjìng	（3）
破	pò	（7）
破破烂烂	pò pò làn làn	（5）
普通	pǔtōng	（6）

Q

启动	qǐdòng	（2）
气氛	qìfēn	（7）
气呼呼	qìhūhū	（1）

千差万别	qiān chā wàn bié	(9)
前	qián	(9)
强身健体	qiángshēn jiàntǐ	(3)
抢劫	qiǎngjié	(3)
桥	qiáo	(8)
亲手	qīnshǒu	(10)
亲王*	qīnwáng	(9)
亲自	qīnzì	(6)
勤奋	qínfèn	(6)
情歌	qínggē	(7)
酋长*	qiúzhǎng	(9)
娶	qǔ	(7)
全部	quánbù	(10)
缺	quē	(5)
确诊	quèzhěn	(1)

R

热门	rèmén	(8)
热心	rèxīn	(3)
人间	rénjiān	(8)
人口	rénkǒu	(2)
人山人海	rénshān rénhǎi	(3)
忍	rěn	(1)
任务	rènwu	(7)

日益	rìyì	(3)
入场券	rùchǎngquàn	(10)

S

塞	sāi	(7)
三分之一	sān fēn zhī yī	(9)
三下五除二	sān xià wǔ chú èr	(4)
山脚	shānjiǎo	(9)
山林	shānlín	(8)
上等	shàngděng	(4)
少数	shǎoshù	(8)
社交*	shèjiāo	(3)
摄影师	shèyǐng shī	(7)
身价百倍	shēnjià bǎibèi	(5)
深刻	shēnkè	(7)
深切*	shēnqiè	(7)
失明	shīmíng	(1)
师傅	shīfu	(9)
时长	shícháng	(3)
时髦	shímáo	(8)
使	shǐ	(6)
世纪	shìjì	(2)
事故	shìgù	(2)
收藏	shōucáng	(6)

手术	shǒushù	(5)
手游	shǒu yóu	(1)
受	shòu	(9)
疏忽大意	shūhū dàyì	(2)
输	shū	(1)
熟练	shúliàn	(10)
双胞胎	shuāngbāotāi	(5)
水疗*	shuǐliáo	(8)
水田*	shuǐtián	(9)
四通八达	sìtōng bādá	(3)
寺*	sì	(8)
搜	sōu	(7)
素质	sùzhì	(3)
随时随地	suíshí suídì	(3)
缩短	suōduǎn	(3)

T

踏青	tàqīng	(8)
抬头	táitóu	(1)
太极剑	tàijí jiàn	(3)
太极拳	tàijíquán	(3)
太空*	tàikōng	(2)
弹	tán	(8)
叹	tàn	(1)

探险*	tànxiǎn	(8)
碳酸*	tànsuān	(10)
躺	tǎng	(1)
躺椅	tǎngyǐ	(5)
逃避	táobì	(10)
特点	tèdiǎn	(9)
特技	tèjì	(6)
特效	tèxiào	(6)
特征	tèzhēng	(9)
提供	tígōng	(10)
提示	tíshì	(7)
替身	tìshēn	(6)
天空	tiānkōng	(8)
天堂	tiāntáng	(8)
添	tiān	(4)
田	tián	(4)
甜美	tiánměi	(6)
铁匠*	tiějiàng	(9)
通宵	tōngxiāo	(1)
偷懒	tōulǎn	(7)
团	tuán	(7)
推	tuī	(1)

W

完美	wánměi	(4)
完善	wánshàn	(2)
为难	wéinán	(7)
围	wéi	(5)
委屈	wěiqu	(10)
闻名遐迩	wénmíng xiá'ěr	(8)
屋顶	wūdǐng	(9)
无限	wúxiàn	(2)
武术	wǔshù	(6)
舞台	wǔtái	(6)
物理学*	wùlǐxué	(2)
雾霾*	wùmái	(2)

X

希望	xīwàng	(4)
习俗	xísú	(7)
习武	xí wǔ	(6)
洗礼	xǐlǐ	(9)
下棋	xià qí	(3)
下人	xiàrén	(5)
下属*	xiàshǔ	(4)
吓	xià	(1)

嫌	xián	(4)
显示屏	xiǎnshìpíng	(2)
现代化	xiàndàihuà	(7)
现状	xiànzhuàng	(10)
想象	xiǎngxiàng	(3)
象征*	xiàngzhēng	(8)
像样	xiàngyàng	(5)
消失	xiāoshī	(8)
鞋柜	xié guì	(7)
心甘情愿	xīngān qíngyuàn	(7)
心满意足	xīnmǎn yìzú	(4)
心酸	xīnsuān	(10)
新颖	xīnyǐng	(10)
信仰	xìnyǎng	(8)
行驶	xíngshǐ	(2)
行星*	xíngxīng	(2)
姓氏*	xìngshì	(9)
熊	xióng	(9)
秀丽	xiùlì	(8)
噱头*	xuétóu	(10)
训斥	xùnchì	(10)
迅速	xùnsù	(3)

Y

严格	yángé	(10)
炎热	yánrè	(10)
沿海	yánhǎi	(8)
研究	yánjiū	(10)
奄奄一息	yǎnyǎn yìxī	(1)
眼科	yǎn kē	(1)
眼睁睁	yǎnzhēngzhēng	(4)
演变	yǎnbiàn	(9)
洋	yáng	(3)
摇滚*	yáo gǔn	(6)
钥匙	yàoshi	(3)
业界	yèjiè	(10)
夜宵	yèxiāo	(3)
一旦	yídàn	(8)
一干二净	yìgān'èrjìng	(1)
一下子	yíxiàzi	(4)
一字之差	yí zì zhī chā	(5)
衣橱	yī chú	(7)
依旧	yījiù	(10)
仪式	yíshì	(7)
亿	yì	(9)
异议	yìyì	(4)
意外	yìwài	(8)

意想不到	yìxiǎng búdào	(2)
因此	yīncǐ	(6)
引导	yǐndǎo	(10)
印象	yìnxiàng	(7)
婴儿	yīng'ér	(9)
迎亲*	yíngqīn	(7)
勇气	yǒngqì	(6)
优秀	yōuxiù	(6)
由	yóu	(9)
油菜花*	yóucài huā	(8)
友爱	yǒu'ài	(8)
友好	yǒuhǎo	(3)
宇航员*	yǔhángyuán	(2)
浴缸*	yùgāng	(8)
园林	yuánlín	(8)
原则*	yuánzé	(10)
源于	yuán yú	(9)
月球	yuèqiú	(2)

Z

灾害	zāihài	(2)
在所难免	zàisuǒ nánmiǎn	(2)
责任心	zérènxīn	(6)
占	zhàn	(9)

珍惜	zhēnxī	(7)
诊断	zhěnduàn	(1)
整容	zhěngróng	(5)
之	zhī	(7)
支配	zhīpèi	(10)
支支吾吾	zhīzhīwuwu	(3)
知识	zhīshi	(2)
职业	zhíyè	(9)
痣*	zhì	(5)
钟爱	zhōng'ài	(6)
众多	zhòngduō	(7)
重度	zhòngdù	(1)
逐渐	zhújiàn	(10)
著名	zhùmíng	(2)
专辑	zhuānjí	(6)
转动	zhuǎndòng	(1)
转向*	zhuǎnxiàng	(2)
赚	zhuàn	(10)
装饰	zhuāngshì	(8)
装修	zhuāngxiū	(5)
准	zhǔn	(10)
资源	zīyuán	(2)
仔细	zǐxì	(7)
自动	zìdòng	(2)
自然	zìrán	(8)

自言自语	zìyán zìyǔ	(4)
自由	zìyóu	(10)
自作聪明	zìzuò cōngmíng	(4)
综合征*	zōnghézhēng	(8)
总共	zǒnggòng	(9)
总理*	zǒnglǐ	(9)
总算	zǒngsuàn	(4)
总之	zǒngzhī	(3)
足够	zúgòu	(3)
组成	zǔchéng	(7)
祖父	zǔfù	(9)
琢磨	zuómo	(10)
作为	zuòwéi	(6)
做官	zuò guān	(5)

专名

阿布德	Ābùdé	(9)
阿黛尔	Ādài'ěr	(6)
埃米尔	Āimǐ'ěr	(9)
贝克	Bèikè	(9)
陈	Chén	(9)
楚国	Chǔguó	(4)
迪庆藏族自治州	Díqìng zàngzú zìzhìzhōu	(8)
《弟子规》	《Dìzǐguī》	(10)
哈桑	Hāsāng	(9)

杭州	Hángzhōu	(8)
黄山	Huáng Shān	(8)
卡彭特	Kǎpéngtè	(9)
科罗温	Kēluówēn	(9)
肯特	Kěntè	(9)
李连杰	Lǐ Liánjié	(6)
刘	Liú	(9)
刘德华	Liú Déhuá	(6)
迈克·杰克逊	Màikè · Jiékèxùn	(6)
梅德韦杰夫	Méidéwéijiéfū	(9)
穆罕默德	Mùhǎnmòdé	(9)
南京	Nánjīng	(8)
内蒙古	Nèiměnggǔ	(8)
普希金	Pǔxījīn	(9)
青岛	Qīngdǎo	(8)
撒切尔	Sǎqiè'ěr	(9)
赛义德	Sàiyìdé	(9)
三亚	Sānyà	(8)
《三字经》	《Sānzìjīng》	(10)
史密斯	Shǐmìsī	(9)
苏州	Sūzhōu	(8)
泰勒	Tàilè	(9)
托尔斯泰	Tuō'ěrsītài	(9)
托洛茨基	Tuōluòcíjī	(9)
潍坊	Wéifāng	(8)

乌特金	Wūtèjīn	(9)
吴	Wú	(9)
婺源	Wùyuán	(8)
西安	Xī'ān	(8)
西藏	Xīzàng	(8)
厦门	Xiàmén	(8)
香格里拉	Xiānggélǐlā	(8)
谢克尔	Xièkè'ěr	(10)
新疆	Xīnjiāng	(8)
雅戈洛	Yǎgēluò	(10)
杨	Yáng	(9)
伊甸园	Yīdiànyuán	(8)
伊斯兰教	Yīsīlánjiào	(9)
以色列	Yǐsèliè	(10)
犹太	Yóutài	(10)
约克	Yuēkè	(9)
云南	Yúnnán	(8)
赵	Zhào	(9)
周	Zhōu	(9)

MPR 出版物链码使用说明

本书中凡文字下方带有链码图标“══”的地方，均可通过“泛媒关联”App 的扫码功能或“泛媒阅读”App 的“扫一扫”功能，获得对应的多媒体内容。

您可以通过扫描下方的二维码下载“泛媒关联”App、“泛媒阅读”App。

“泛媒关联”App 链码扫描操作步骤：

1. 打开“泛媒关联”App；
2. 将扫码框对准书中的链码扫描，即可播放多媒体内容。

“泛媒阅读”App 链码扫描操作步骤：

1. 打开“泛媒阅读”App；
2. 打开“扫一扫”功能；
3. 扫描书中的链码，即可播放多媒体内容。

扫码体验：